Inhalt

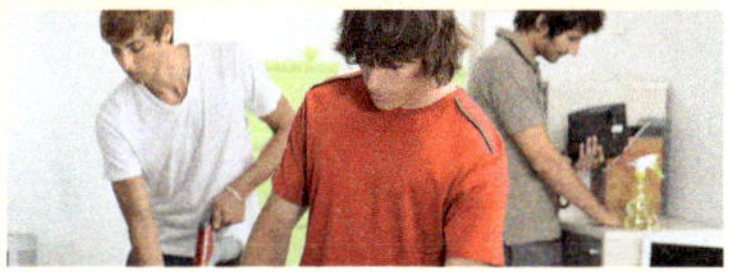

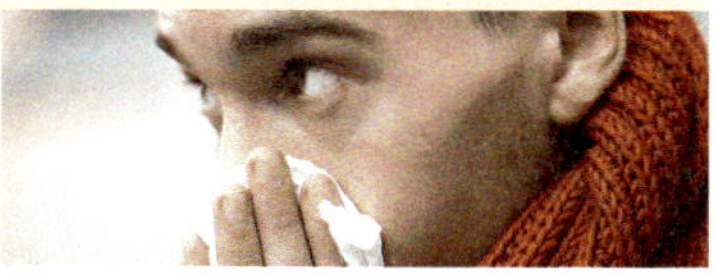

Start auf Deutsch

1 Deutsch lernen mit studio [21] – Sprache im Kurs

a) Was machen Sie? Ordnen Sie zu.

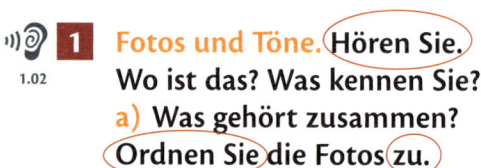
1 Fotos und Töne. Hören Sie.
Wo ist das? Was kennen Sie?
a) Was gehört zusammen?
Ordnen Sie die Fotos zu.

2 Städtediktat. Hören Sie und schreiben Sie die Städtenamen.

3 Kursparty
a) Fragen Sie und antworten Sie.
b) Suchen Sie eine Partnerin / einen Partner. Notieren Sie.

4 Aus oder in?
a) Ergänzen Sie.

5 Spiel. Buchstabieren Sie und schreiben Sie die Namen.

6 Üben Sie. Sprechen Sie schnell.

a

....

b

Buchstabieren Sie.
....
....
....

c

Ordnen Sie zu.
....
....
....

 b) Hören Sie und ergänzen Sie.

1. E*rgänzen* .... Sie.
2. A........................ Sie.
3. B........................ Sie die Namen.
4. N........................ Sie.
5. F........................ Sie.
6. H........................ Sie den Dialog.
7. L........................ Sie den Text.

8. K........................ Sie an.
9. V........................ Sie.
10. M........................ Sie.

c) **Was passt? Ordnen Sie 1–10 aus b) zu.**

b
| Name? |
| Woher? |

a
1. **Wo** wohnen Sie? .... Frankfurt.

`1`

c
| Entschuldigung, ist hier frei? 1 | a Tee, bitte. |
| Marina, das ist Conny. 2 | b Ja klar, bitte. |

d
Wie ist Ihr Name?

e
a ☐ Fanta mit viel Eis.   b ☐ Fanta mit wenig Eis.

f 🔊

g
Das ist …

h
Guten Tag, ich heiße M-ü-l-l-e-r–W-a-b-e-r-s-k-i.

i
1. **Das ist Markus Bernstein.** Herr Bernstein ist 42 Jahre alt. Er wohnt mit seiner Familie in Kronberg. In 30 Minuten ist er am Airport in Frankfurt. Er ist Pilot bei der Lufthansa. Herr Bernstein mag seinen Job. Er fliegt

j
2. **Ralf Bürger** ist Student an der Friedrich-Schiller-Universität in Jena. Das ist in Thüringen. Ralf studiert Deutsch und Interkulturelle Kommunikation. Er ist im 8. Semester. Seine Freundin **Magda Sablewska** studiert auch

2 **Wörter im Kontext lernen. Was passt nicht? Streichen Sie durch.**

1. Texte: Schreiben Sie. – Lesen Sie. – ~~Antworten Sie.~~
2. Wörter: Notieren Sie. – Schreiben Sie. – Fragen Sie.
3. Dialoge: Buchstabieren Sie. – Hören Sie. – Lesen Sie.
4. Fotos und Wörter: Verbinden Sie. – Antworten Sie. – Ordnen Sie zu.

3 **Dialoge im Kurs**

a) **Markieren Sie die Wortgrenzen und schreiben Sie die Dialoge.**

1. HERR|YILMAZ,WOWOHNENSIE?ICHWOHNEINWIESBADEN.DASISTBEIMAINZ.UNDSIE,FRAUNOVAK?ICHWOHNEINFRANKFURT.

💬 ....

👂 ....

💬 ....

2. FRAUKIM,WOHERKOMMENSIE?ICHKOMMEAUSKOREA.UNDSIE,HERRCHAN?ICHKOMMEAUSPEKING.DASISTINCHINA.

💬 ....

👂 ....

💬 ....

🔊 b) **Alles richtig? Hören Sie und kontrollieren Sie mit der CD.**

03

Leben in Deutschland

1 Name – Land – Stadt

a) Wie? Wo? Woher? Ergänzen Sie die Fragen.

1. .... heißen Sie?
2. .... ist Ihr Name?
3. .... kommen Sie?
4. .... wohnen Sie?

b) Schreiben Sie einen Ich-Text.

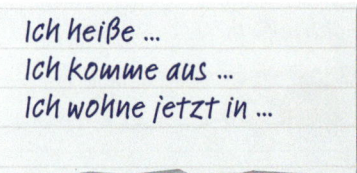

Ich heiße ...
Ich komme aus ...
Ich wohne jetzt in ...

Redemittel

Ich komme aus ...

Ich komme aus Griechenland / aus Italien, ...

Ich komme aus der Türkei / aus der Ukraine, ...

Ich komme aus dem Irak / aus dem Iran, ...

Ich komme aus den USA / den Niederlanden ...

2 Ich kann Deutsch!

a) Welche Wörter kennen Sie? Markieren Sie.

84 Wörter Deutsch

Hamburger	Geldautomat	Geschäft	
Eis	Büro	Regal	
Taxifahrer	Werkstatt	Tee	
Koch	Döner	Taxi	
Bett	Bus	Medikament	Pause
Fernseher	Ampel	Café	Stuhl
Auto	Herd	Park	U-Bahn
Straße	Kino	Bahnhof	Fahrkarte
Zoo	Übung	Kindergarten	Kreditkarte
Supermarkt	Schule	Bank	Museum
Schüler	Restaurant	Euro	Stift
Heft	Fahrrad	Metzger	Lehrer
Konto	Bäckerei	Tablette	Pizza
Flughafen	Krankenhaus	Grippe	Schalter
Kiosk	Fabrik	Sport	Kaufhaus
Arzt	Apotheke	Fieber	Kaffee
Husten	Markt	Fußball	Erkältung
Flugzeug	Deutschkurs	Milch	Tisch
Urlaub	Buch	Schrank	Altenpfleger
Cent	Brot	Frisörin	Verkäufer
Theater	Bratwurst	Autobahn	Stadion
Cola	Sofa	Konzert	Musik

b) Sie hören 14 Wörter. Welche? Kreuzen Sie an.

04

☐ Pizza	☐ Fußball	☐ Auto	☐ Café
☐ Kreditkarte	☐ Supermarkt	☐ Sport	☐ Fabrik
☐ Taxi	☐ Zoo	☐ Bank	☐ Bus
☐ Restaurant	☐ Kindergarten	☐ Museum	☐ Pause
☐ Tablette	☐ Park	☐ Tee	☐ Konzert

3 Wörter sortieren. Ordnen Sie Wörter von Seite 6 zu.

Verkehr

Auto ....

....

....

Essen und Trinken

Pizza ....

....

....

Lernen und Schulsachen

Schule ....

....

....

Freizeit

Zoo ....

....

....

Beruf und Arbeit

Werkstatt ....

....

....

Wohnen und Möbel

Herd ....

....

....

Einkaufen und Geschäfte

Bäckerei ....

....

....

....

Gesundheit und Krankheit

Erkältung ....

....

....

....

Geld und Banken

Kasse ....

....

....

....

1 Kaffee oder Tee?

1 Themen und Texte

a) Welche Wörter verstehen Sie? Lesen Sie und markieren Sie.

NEUER REKORD Rock am Ring live im TV

Nürburg. Über 25 Jahre hören Rockmusikfans auf dem populären Open-Air-Festival laute Musik und machen Party. Man muss aber nicht auf dem Konzert in Nürburg sein. Jim und Eve aus London und viele internationale Rockmusikfans können die EinsPlus-Liveübertragung im Fernsehen sehen. <u>mehr</u>

1

CeBIT
Sicherheit für PC
und Cloud

HANNOVER. Auf der größten internationalen Computer-messe präsentieren Software-entwickler neue Antiviren-Programme für PC und Cloud Computing. Die digitale Identität beim Online-Banking und -Shopping ist mit den neuen Programmen optimal geschützt. Die Firma Baier & Maier aus Ingolstadt zeigt die neueste Version von Kaspersky PURE 3.0 Total Security. <u>mehr</u>

2

Trend aus Amerika
Und was nehmen Sie?

FRANKFURT. „Tee oder Kaffee?" ist nicht die Frage. Die Frage ist: „Hier trinken oder to go?", also zum Mitnehmen. Die Getränke Espresso, Cappuccino, Latte Macchiato, Chai Latte, das ist ein Tee mit viel Milch aus Indien, und Co. trinken die Amerikaner gern im Winter warm, im Sommer auch mal mit Eis. <u>mehr</u>

3

b) Welcher Text passt? Ordnen Sie zu.

a ☐ Computer   **b** ☐ Musik   **c** ☐ Getränke

c) *Wo, woher* oder *was*? Ergänzen Sie.

1. .... kommen Jim und Eve? ☐   4. .... kommt die Firma Baier & Maier? ☐

2. .... ist Nürburg? ☐   5. .... trinken die Amerikaner gern? ☐

3. .... ist die CeBIT? ☐   6. .... ist „Chai Latte"? ☐

d) Welche Antwort passt? Ordnen Sie in c) zu.

a In Hannover.   **d** Tee mit viel Milch.
b Aus Ingolstadt.   **e** Aus London.
c Espresso, Chai Latte, Cappuccino …   **f** In Deutschland.

2 **Zahlen lesen.** Schreiben Sie die Antworten in Zahlen.

1. 💬 Wie ist die Nummer vom Deutschkurs?
   👍 Die Kursnummer ist ....
   (einhunderteins).

2. 💬 Wir möchten bitte zahlen.
   👍 Das macht zusammen .... €
   (sechzehn Euro siebzig).

3. 💬 Wo wohnst du?
   👍 In der Schillerstraße ....
   (achtunddreißig).

4. 💬 Wie ist die Nummer von Maria?
   👍 .... (vierundsiebzig
   sechsunddreißig zweiundachtzig).

3 **Minidiktate. Hören Sie und ergänzen Sie.**

05

1. Die Nummer von Frau Meier ist ....

2. Die Nummer vom Deutschkurs ist ....

3. Die Nummer von Lisa ist ....

4. Herr Yilmaz zahlt .... €.

5. Tina zahlt für zwei Milchkaffee und ein Wasser .... €.

4 **Im Café. Ergänzen Sie.**

> 💬 Hallo, ... du auch im Deutschkurs?
>
> 👍 Ja. Ich .... Laura und du?
>
> 💬 Hallo Laura, mein Name .... Pradeep.
>
> Woher .... du? 👍 Ich .... aus Spanien. Und du?
>
> 💬 Ich .... aus Indien. 👍 .... du hier in Mannheim?
>
> 💬 Nein, ich .... in Weinheim. 👍 In Weinheim? Ich auch!
>
> 👍 .... Sie bestellen?
>
> 👍 Ja, ich .... Espresso. Und was .... du?
>
> 💬 Ich .... Chai Latte.

> bist – ist – heiße – komme –
> komme – kommst – möchten –
> nehme – nehme – trinkst –
> wohnst – wohne

5 **Wörter lernen. Was passt nicht? Streichen Sie durch.**

1. Buch: schreiben – wohnen – nehmen – lesen
2. Wörter: sortieren – schreiben – heißen – üben
3. Deutsch: sammeln – lernen – verstehen – sprechen
4. Kakao: trinken – sortieren – nehmen – bestellen

6 **Getränke**

a) **Was ist das? Schreiben Sie.**

1. .... (aceeffhiklM)   4. .... (aefgnnOrsta)

2. .... (einoRtw)   5. .... (Eeeist)

3. .... (aerssW)   6. .... (aaKko)

b) **Ordnen Sie die Fotos zu.**

7 **Personen vorstellen.** Schreiben Sie wie im Beispiel.

Name: Eva
Land: Peru
Wohnort: Berlin
Kurs: Yoga

1. Das ist Eva. Sie kommt aus Peru und wohnt in Berlin. Sie ist im Yogakurs.

Name: Rahul
Land: Indien
Wohnort: Hamburg
Kurs: Fotografie

2. ....
....
....
....

Name: Ying Xie
Land: China
Wohnort: Dortmund
Kurs: Computer

3. ....
....
....
....
....

Name: Paul und Jenny
Land: England
Wohnort: Bremen
Kurs: Deutsch

4. ....
....
....
....
....

8 *Mit oder* ohne*?*

a) Schreiben Sie die Antworten.

studio [21]

1. 💬 Lernen Sie Deutsch mit oder ohne *studio [21]*?

   👍 Ich lerne Deutsch mit studio 21. ....

2. 💬 Trinken Sie Tee mit oder ohne Zucker?

   👍 ....

3. 💬 Nehmen Sie Wasser mit oder ohne Eis?

   👍 ....

4. 💬 Üben Sie Verben mit oder ohne Wortakzent?

   👍 ....

bez<u>a</u>hlen, er bezahlt,
er hat bezahlt   1/4.4b

5. 💬 Schreiben Sie das Wort „Tür" mit oder ohne „h"?

   👍 ....

Tür *f* (-; *-en*) puerta *f*; (*Wagen*♀)
portezuela *f*; *fig.* ~ und Tor öffnen
abrir de par en par las puertas a; *fig.*
offene ~en einrennen pretender de-
mostrar lo evidente; *j-m die* ~ weisen,

 b) Hören Sie die Fragen und sprechen Sie die Antworten schnell.

06

9 **Das Verb** *sein*

a) **Ergänzen Sie.**

ich	....	wir	....
du	*bist*	ihr	....
er/es/sie	....	sie/Sie	*sind* ....

b) **Kontrollieren Sie mit dem Minimemo im Deutschbuch auf Seite 19.**

c) **Ergänzen Sie.**

1. 💬 Guten Tag, ... hier noch frei?

   👆 Ja, bitte. ...*sind*............ Sie auch im Deutschkurs?

   💬 Nein, ich .... im Spanischkurs.

2. 💬 Hallo, Alida. Das .... Cai und Hung.

   👆 Hallo, Cai. Hallo, Hung. .... ihr aus China?

   💬 Nein, wir .... aus Vietnam. Und du? Woher .... du?

   👆 Ich komme aus Deutschland.

3. 💬 .... Susanna auch im Yogakurs?

   👆 Nein, sie und Aziz .... im Salsakurs.

d) **Alles richtig? Hören Sie und kontrollieren Sie mit der CD.**
07

10 **Konjugation. Welche Karte passt? Ordnen Sie die Verben zu.**
Manchmal gibt es zwei Möglichkeiten.

bist – komme – ~~trinkt~~ – ist – heiße – nehmen – möchtet – kommst – wohne –
antwortet – möchten – sind – zahlen – habe – sammelt – sprichst

1 Begrüßungen und Verabschiedungen sehen

 a) Was passt? Hören Sie und lesen Sie. Ordnen Sie die Dialoge zu.
08

 a

 c

 e

 b

 d

 f

1. ☐ 💬 Guten Morgen, Herr Özdemir.
💬 Guten Morgen, Frau Sanchez.

2. ☐ 💬 Hallo, ich bin Eva. Wie heißt du?
💬 Tag, Eva. Ich bin Manal.

3. ☐ 💬 Guten Tag, Frau Hamid.
Ist hier noch frei?
💬 Hallo, Frau Grunwald. Ja klar.

4. ☐ 💬 Auf Wiedersehen, Mahmud.
💬 Tschau, Boris. Bis morgen.

5. ☐ 💬 Tschüss, Laura. Bis morgen.
💬 Auf Wiedersehen, Frau Hochleitner.

6. ☐ 💬 Grüß dich, Pavel.
💬 Hallo, Maria. Wie geht's?
💬 Danke, es geht. Und dir?

b) *Du* oder *Sie*? Ordnen Sie zu und spielen Sie dann Minidialoge zu den Fotos.

 1.

 2.

 3.

2 Begrüßen und verabschieden

a) Wie grüßt man wann? Ordnen Sie zu.

a Gute Nacht.   **b** Guten Morgen.   **c** Guten Tag.   **d** Guten Abend.

1. ☐   **2.** ☐   **3.** ☐   **4.** ☐

b) **Redemittel sammeln. Ergänzen Sie.**

Redemittel	Kommen – Begrüßung	Gehen – Verabschiedung
	Hallo	Auf Wiedersehen

3 **Wie geht's? Schreiben Sie und üben Sie Dialoge.**

Super! 😁 – Sehr gut. 😌 – Gut. 🙂 – Es geht. 😐 – Nicht so gut. 🙁 – Schlecht. 😞

Redemittel	nach dem Befinden fragen		
	Guten Morgen, Herr …. Wie geht es Ihnen? / Guten Tag, Frau …. Wie geht es Ihnen?	Super! Sehr gut. Gut.	Und Ihnen?
	Hallo, …. Wie geht's? / Grüß dich, …. Wie geht's?	Es geht. Nicht so gut. Schlecht.	Und dir?

4 **Textkaraoke: In der Cafeteria**

09

a) **Hören Sie und sprechen Sie die 👄-Rolle im Dialog.**

👂 …
👄 Ich heiße Kalonzo Ruto. Wie geht es Ihnen?
👂 …
👄 Super! Was trinken Sie?
👂 …
👄 Nein, ich trinke lieber Tee.
👂 …
👄 Ja, bitte. Mit Milch und Zucker.

b) **Hören Sie und lesen Sie noch einmal. Was ist richtig? Kreuzen Sie an.**

Herr Ruto trinkt ☐ Tee. ☐ Kaffee. ☐ Milch.

5 **Wie? Woher? Wo? Ergänzen Sie die Fragen und schreiben Sie die Antworten.**

1. 💬 .... heißen Sie? 👄 ....
2. 💬 .... wohnen Sie? 👄 ....
3. 💬 .... kommen Sie? 👄 ....
4. 💬 .... geht es Ihnen? 👄 ....
5. 💬 .... ist Ihre Telefonnummer? 👄 ....

2 Sprache im Kurs

1 Menschen und Texte

a) Wer macht was? Lesen Sie und kreuzen Sie an.

Stefan Rohrbach und *Akgün* sind verheiratet. Er kommt aus Köln und sie aus Istanbul. Sie haben ein Kind und leben seit 2012 in Ankara. Das ist in der Türkei. Akgün arbeitet bei Bosch. Stefan lernt Türkisch. Er findet die Sprache nicht einfach. Er sucht noch Arbeit.

Karin Naumann kommt aus Dresden. Sie ist Deutschlehrerin an einer Schule in Berlin und lebt mit ihrem Hund in Potsdam. Im Moment lernt sie Spanisch. Sie möchte an der deutschen Schule in Madrid arbeiten. Karin hat ein Motorrad. Das ist ihr Hobby.

Tan Lin Lin ist aus China und spricht sehr gut Deutsch und etwas Englisch. Sie studiert in Jena Biologie, ist verheiratet und lebt allein in Deutschland. Lin Lins Mann arbeitet in Shanghai. Sie möchte später auch in Shanghai arbeiten und ein Kind haben.

Nick McLaughlin kommt aus Dublin. Das ist eine Stadt in Irland. Er arbeitet bei Siemens in München und macht einen Deutschkurs am Goethe-Institut. Das ist wichtig für seine Arbeit. Nicks Hobbys sind Lesen und Fußball. Er lebt mit seiner Freundin Eva zusammen.

Jeff Johnson aus den USA ist Manager. Er arbeitet bei FedEx in Frankfurt. Er fliegt oft von Frankfurt nach New Jersey. Jeffs Frau und Kinder leben in den USA. Die Arbeit in zwei Ländern ist kein Problem. Er lernt gerne Deutsch und spricht schon sehr gut.

	Stefan	Akgün	Karin	Lin Lin	Nick	Jeff	
1.	☒	☐	☐	☐	☐	☐	lernt eine Sprache.
2.	☐	☐	☐	☐	☐	☐	hat keine Arbeit.
3.	☐	☐	☐	☐	☐	☐	ist verheiratet.
4.	☐	☐	☐	☐	☐	☐	lebt allein.
5.	☐	☐	☐	☐	☐	☐	hat ein Kind / Kinder.

b) Wer sagt das? Hören Sie und ergänzen Sie die Namen.

10

1. ....
2. ....
3. ....
4. ....
5. ....

2 **Dialoge im Deutschkurs**

a) **Wer sagt was? Die Kursleiterin (KL) oder der Kursteilnehmer (KT)?**
Lesen Sie und kreuzen Sie an.

1.   KL   KT

...... Kein Problem. Die Frage ist: Woher kommt Frau Kim?   ☐   ☐

..1.. Das verstehe ich nicht. Können Sie die Frage bitte wiederholen?   ☐   ☒

...... Frau Kim? Keine Ahnung.   ☐   ☐

2.

...... Noch einmal: Das ist eine Brille. Die Brille.   ☐   ☐

...... Wie heißt das auf Deutsch?   ☐   ☐

..3.. Das verstehe ich nicht. Können Sie das bitte wiederholen?   ☐   ☒

...... Das ist eine Brille.   ☐   ☐

3.

..2.. Können Sie das bitte buchstabieren?   ☐   ☒

...... Können Sie das Wort bitte anschreiben?   ☐   ☐

...... Das ist ein Wörterbuch.   ☐   ☐

...... W-Ö-R-T-E-R-B-U-C-H.   ☐   ☐

...... Na klar, gerne.   ☐   ☐

b) **Bringen Sie die Dialoge in die richtige Reihenfolge.**

c) **Was passt? Hören Sie und ordnen Sie zu.**

a ☐4☐   b ☐   c ☐   d ☐   e ☐

d) **Hören Sie noch einmal und ergänzen Sie.**

1. I.... ..... h..... .... e..... ..... e F..... ....

2. K..... ....en w..... ..... e.....ne P..... .... m..... ....n?

3. W..... ..... h..... ..... t d.....r P..... ..... ra ..... v.....n S..... .....hl?

4. D.....s v..... .... e i..... ..... n..... ....t.

5. W.....s i..... ..... d..... .....?

3 Im Kursraum. **Was ist das?**
**Schreiben Sie die Nomen
mit Artikel.**

1. ....
2. ....
3. ....
4. ....
5. ....
6. *das Buch* ....
7. ....

4 Nomen im Plural. **Wie heißt die Endung? Arbeiten Sie mit der Wörterliste im
Deutschbuch und ergänzen Sie.**

1. Endung: ¨-e
a der Stuhl
b der Saft
c der Ton

2. Endung: ....
a das Heft
b der Bleistift
c der Hund

3. Endung: ....
a das Kind
b das Bild

4. Endung: ....
a das Wort
b der Mann
c das Buch

5. Endung: ....
a der Name
b die Frage
c die Tafel

6. Endung: ....
a die Rechnung
b die Frau
c die Tür

7. Endung: ....
a das Mädchen
b das Fenster
c der Becher

8. Endung: ....
a das Büro
b der Kuli
c das Handy

5 Nomen mit Artikel und Pluralform lernen

a) **Was ist das? Schreiben Sie.**

	Artikel	Singular	Artikel	Plural
1.	....	....	die	....
2.	....	....	die	....
3.	....	....	die	....
4.	....	....	die	....

	Artikel	Singular	Artikel	Plural
5.	....	....	die	....
6.	....	....	die	....
7.	....	....	die	....
8.	....	....	die	....

b) Hören Sie und sprechen Sie nach.

12

6 *Die, eine* oder kein Artikel (Plural)? **Ergänzen Sie oder machen Sie einen Strich (–).**

1. 💬 Ist das ..... *eine* ..... Tasche?

   👍 Ja, das ist .... Tasche von Frau Cem.

2. 💬 Sind das .... Hefte?

   👍 Nein, das sind .... Bücher.

3. 💬 Ist das .... Handy?

   👍 Ja, das ist .... Handy von Martin.

4. 💬 Ist das .... Löwe?

   👍 Nein, das ist doch kein Löwe! Das ist .... Hund von Tom.

5. 💬 Ist das .... Becher?

   👍 Nein, das ist .... Tasse.

6. 💬 Sind das .... Füller?

   👍 Nein, das sind .... Kulis.

7 *Da ist ein ..., aber kein ...* **Sehen Sie das Bild in Übung 3 auf Seite 12 und schreiben Sie Sätze wie im Beispiel.**

1. der Ordner – das Heft   *Da ist ein Ordner, aber kein Heft.* ....

2. der Tisch – die Tafel   ....

3. der Kuli – der Füller   ....

4. das Handy – die Tasche   ....

5. der Becher – das Brötchen   ....

1 Anmeldung in der Kita

a) Hören Sie und lesen Sie. Ergänzen Sie das Formular.

13

- ○ Guten Tag.
- ○ Guten Tag. Mein Name ist Binka Blagowa.
- ○ Entschuldigung, wie ist Ihr Name?
- ○ Ich heiße Blagow.
- ○ Woher kommen Sie, Frau Blagowa?
- ○ Aus Bulgarien, aus Sofia.
- ○ Wo wohnen Sie jetzt?
- ○ In Frankfurt.
- ○ Wie ist Ihre Adresse?
- ○ Moselstraße 29, 60239 Frankfurt.
- ○ Und wie ist Ihre Telefonnummer?
- ○ Meine Telefonnummer ist 0170 483 44 68.
- ○ Wie viele Kinder haben Sie?
- ○ Zwei. Ich habe einen Sohn und eine Tochter.
- ○ Wie alt sind sie?
- ○ Radka ist fünf Jahre alt und Konstantin ist drei.

| Minimemo | der Familienname = der Nachname |

Anmeldung

Angaben zur Mutter

KiTa Villalona
Windmühlstraße 8
60329 Frankfurt

_____ _____

Vorname   Nachname

_____ _____ *60239* _____

Straße, Hausnummer   Stadt   PLZ   Telefon-Nr.

---

b) Variieren Sie den Dialog.

- ○ Guten Tag. Mein Name ist ....
- ○ Woher kommen Sie, ...?
- ○ Aus ....
- ○ Wo wohnen Sie jetzt?
- ○ In ....
- ○ Wie viele Kinder haben Sie?
- ○ ....
- ○ Wie alt sind sie?
- ○ ....

Redemittel	über die Familie sprechen		
Ich			einen Sohn.
			zwei Söhne.
	habe		eine Tochter.
			zwei Töchter.
			keine Kinder.
Er/Sie	heißt		...
Sie	heißen		... und ...

2 Persönliche Angaben

a) Fragen und Antworten. Was passt zusammen? Verbinden Sie.

Wie heißen Sie?	1	a	Ich komme aus dem Libanon, aus Beirut.
Woher kommen Sie?	2	b	Bahnhofstraße 25.
Wo wohnen Sie jetzt?	3	c	0170 35 00 23 17.
Wie ist Ihre Adresse?	4	d	Nein, ich habe keine Kinder.
Wie ist Ihre Postleitzahl?	5	e	Ich bin 37 Jahre alt. / Ich bin 37.
Wie ist Ihre Handynummer?	6	f	Nein, ich bin ledig.
Wie alt sind Sie?	7	g	63065.
Haben Sie Kinder?	8	h	Amir Dawud.
Sind Sie verheiratet?	9	i	In Offenbach.

14 **b) Hören Sie und ergänzen Sie das Formular.**

Anrede   ☐ Frau   ☐ Herr

Vorname   *Adam* _____

Nachname   _____

Familienstand   _____

Adresse   *Zimmerstr.* _____

_____ *Weßling*

Telefon   _____

Redemittel

Familienstand

Ich bin ...

ledig.

verheiratet.

geschieden.

verwitwet.

3 Ich bin ... / Das ist ... Partnerinterviews. **Sammeln Sie Informationen und stellen Sie Ihre Partnerin / Ihren Partner vor.**

_____   _____
Vorname   Familienname

_____   _____ _____
Land   Alter   Kinder

_____   _____
Adresse   Telefon

Das ist ...
Er/Sie kommt aus ...
Er/Sie wohnt jetzt in ...
Er/Sie ist ... Jahre alt.
Er/Sie hat ...

Das ist Carmen Gonzales. Sie kommt aus ...

3 Städte – Länder – Sprachen

1 Menschen und Sprachen in Deutschland

a) Was passt zusammen? Wissen Sie das? Raten Sie und verbinden Sie.

82.000.000	1		a	Türken leben in Deutschland.
69.700.000	2		b	Menschen in Deutschland kommen aus 194 Ländern.
2.500.000	3		c	Deutsche sprechen Englisch.
10.700.000	4		d	Menschen leben im Jahr 2012 in Deutschland.

b) Alles richtig? Lesen Sie und kontrollieren Sie Ihre Lösung in a).

Im Jahr 2012 leben 82 Millionen Menschen in Deutschland. Das sind 71,3 Millionen Deutsche und 10,7 Millionen Menschen aus 194 Ländern. Viele leben mit ihren Familien in Deutschland und arbeiten oder studieren hier. Diese Menschen sprechen eine Muttersprache, das ist die Sprache aus der Heimat, Deutsch und andere Sprachen wie Englisch. 2,5 Millionen Menschen in Deutschland sind Türken. Sie sprechen Türkisch und Deutsch. Alle Kinder in Deutschland lernen Englisch. So sprechen 85 % der Deutschen Englisch. Das sind 69,7 Millionen Menschen. Viele Deutsche sprechen auch Französisch, Spanisch, Russisch oder Italienisch.

c) *Wer, was, woher*? Schreiben Sie Fragen zum Text in b).

1. 💬 _Wer_ _____? ↪ Alle Kinder in Deutschland.
2. 💬 _Woher_ _____? ↪ Aus der Türkei.
3. 💬 _Was_ _____? ↪ Das ist die Sprache aus der Heimat.

d) Wie ist das in Ihrer Heimat? Ergänzen Sie.

Ich komme aus _____. Dort leben _____ Menschen und man

spricht _____. Viele sprechen auch _____. Ich spreche _____.

2 **Welche Sprachen sprechen die Deutschen? Hören Sie und ergänzen Sie die Sprachen.**

15

Sprachkenntnisse der Deutschen	(in Prozent)
....	85
....	33
....	16
....	15
....	10
andere Fremdsprache	18

3 **Wo und woher? Ländernamen mit Artikel.** Lesen Sie das Minimemo und schreiben Sie Sätze wie im Beispiel.

1. Gül: Türkei (*f*), Deutschland (*n*)

   Gül kommt aus der Türkei, aber sie lebt in Deutschland.

2. Paul: USA (*Pl.*), England (*n*)

   ....

3. Albina: Iran (*m*), Slowakei (*f*)

   ....

4. Antonio: Schweiz (*f*), Niederlande (*Pl.*)

   ....

4 **Acht Städte in Deutschland, Österreich und der Schweiz.** Suchen Sie die Namen und ergänzen Sie die Sätze. Arbeiten Sie mit der Karte auf Seite 51 im Deutschbuch.

```
G U J Y N R M B B K D O D G K
G B Y U O U G E O K F P O D R
Q J J V N U H K R L N P D R O
B V Y N K B E R L I N B U E X
E H A N N O V E R I V R M S A
R M R Q I P H A M B U R G D W
N F S W D X Q D J X W X G E B
K P V V Q E U I L U Z E R N C
J D S V J Z U B O D Q J A Z X
B V B P B P W I E N P O Z Q E
```

1. *Berlin* ist die Hauptstadt von Deutschland. Die Stadt liegt nordöstlich von Leipzig.
2. Die Hauptstadt von Österreich heißt .... Sie liegt östlich von St. Pölten.
3. .... ist die Hauptstadt von der Schweiz. Die Stadt liegt südlich von Basel.
4. .... liegt in Norddeutschland, nordöstlich von Bremen.
5. .... ist in Österreich. Die Stadt liegt im Südwesten von Wien.
6. .... liegt nördlich von Göttingen.
7. .... ist in Deutschland. Die Stadt liegt östlich von Erfurt.
8. .... ist eine Stadt in der Schweiz. Sie liegt südwestlich von Zürich.

5 **Präsens oder Präteritum?**

a) Ergänzen Sie das Verb *sein* im Präsens oder Präteritum.

1. 💬 Hallo, Alfiya und Lena, _wart_ ihr in Köln?

   👆 Nein, wir _____ in Berlin. _____ du schon mal dort?

   💬 Ja. Ich finde Berlin gut.

2. 💬 Ute, _bist_ du aus Bremen?

   👆 Nein, ich _____ aus Hamburg. Fatih, _____ du schon mal in Hamburg?

   💬 Nein, ich _____ noch nicht in Hamburg.

3. 💬 Herr Meier, _____ Sie schon mal in London?

   👆 Ja, ich _____ schon mal in London, in der Tate Gallery.

   💬 _____ das ein Museum?

   👆 Ja. Ich gehe gern in Museen.

4. 💬 Ich _____ gestern im Konzert von Yo-Yo Ma. Du auch?

   👆 Nein, ich nicht. _____ Thomas auch dort?

   💬 Keine Ahnung.

🔊 **b) Hören Sie und schreiben Sie die Antworten.**
16

1. Wo sind Alfiya und Lena?   _Alfiya und Lena sind jetzt in München._

2. Wo war Fatih schon mal?   _____

3. Woher kommt Herr Meier?   _____

4. Was hat Thomas?   _____

6 **Das Verb *sprechen***

🔊 **a) Hören Sie und ergänzen Sie.**
17

1. 💬 _Sprichst_ du Deutsch?   👆 Ja, etwas.

2. 💬 Rodrigo, welche Sprache _____ ihr in Peru?
   👆 In Peru? Spanisch und Ketschua.

3. 💬 Herr Kluge, Sie sind mit Satomi verheiratet. Welche Sprache _____ Sie mit Satomi?

   👆 Ich _____ mit Satomi Japanisch. Sie _____ aber auch schon gut Deutsch.

4. 💬 Welche Sprachen _____ du?   👆 Ich _____ Deutsch, Englisch und etwas Italienisch.

5. 💬 Ich verstehe das nicht. Welche Sprache ist das?

   👆 Entschuldigung, wir _____ Chinesisch.

> **Minimemo**
> du, er, es, sie:
> e zu i

b) Ergänzen Sie.

ich	_____	wir	_____
du	_____	ihr	_____
er/es/sie	_____	sie/Sie	_____

7 Fragen stellen

a) Ergänzen Sie die Fragewörter.

Was trinkst du?	1	a Musik.
.... kommt Maya?	2	b Danke, gut. Und dir?
.... lebt die Familie von Yijiang?	3	c Bei Opel.
.... ist das?	4	d Aus der Schweiz.
.... liegt Wiesbaden?	5	e In Nordchina.
.... studiert Sarah?	6	f Wasser, bitte.
.... arbeitet Sam?	7	g Das ist Chantal. Sie kommt aus Frankreich.
.... geht's?	8	h In der Nähe von Frankfurt.

b) Was passt zusammen? Verbinden Sie in a).

c) Schreiben Sie die Fragen aus a) als Satzfragen.

1. _Trinkst du Wasser?_ ....
2. _Kommt Maya aus der Schweiz?_ ....
3. ....
4. ....

5. ....
6. ....
7. ....
8. ....

8 W-Frage oder Satzfrage? Schreiben Sie Fragesätze.

1. 💬 Ahmed, _trinkst du Bier_ ....?
   👄 Nein. Ich trinke kein Bier.

2. 💬 _Wo_ ...., Eva und Michael?
   👄 Wir wohnen in der Wolfhager Straße.

3. 💬 Herr Kim, ...?
   👄 Nein, ich komme nicht aus China. Ich komme aus Korea.

4. 💬 Laura, ...?
   👄 Ich spreche Italienisch, Englisch und Spanisch.

5. 💬 Herr und Frau Schiller, ...?
   👄 Ja, wir waren gestern in Amsterdam.

6. 💬 ...., Marisa und Antonio?
   👄 Wir kommen aus Chile.

9 Frage oder Aussagesatz?

18

a) Hören Sie und ergänzen Sie „.“ oder „?“.

1. 💬 Kommst du aus Prag .?. 👄 Ja ... 💬 Liegt Prag in der Nähe von Wien ...

2. 💬 Ich spreche etwas Deutsch ... Lernst du auch Deutsch ...
   👄 Nein, meine Muttersprache ist Deutsch ...

3. 💬 Die Akropolis ist in Athen ... 👄 Wo ist das ... 💬 Das ist in Griechenland ...

4. Wie bitte ... Das verstehe ich nicht ...

b) Hören Sie noch einmal und sprechen Sie nach.

Dänemark · Ostsee · Nordsee · Schleswig-Holstein · Kiel · Rostock · Mecklenburg-Vorpommern · Lübeck · Hamburg · Bremer-haven · Schwerin · Oldenburg · Bremen · Niedersachsen · Polen · Branden-burg · Berlin · Hannover · Potsdam · Nieder-lande · Osnabrück · Braunschweig · Sachsen-Anhalt · Cottbus · Münster · Bielefeld · Magdeburg · Nordrhein- · Göttingen · Halle · Dortmund · Leipzig · Dresden · Essen · Kassel · Düsseldorf · Westfalen · Erfurt · Jena · Sachsen · Köln · Hessen · Thüringen · Chemnitz · Bonn · Bel-gien · Koblenz · Wiesbaden · Prag · Rheinland- · Frankfurt · Lux. · Mainz · Würzburg · Tschechische Republik · Luxemburg · Trier · Pfalz · Ludwigshafen · Nürnberg · Saarland · Mannheim · Regensburg · Saarbrücken · Kaisers-lautern · Karlsruhe · Bayern · Stuttgart · Frankreich · Baden-Württemberg · Ulm · Augsburg · München · Österreich · Freiburg · Schweiz · Liechtenstein

0 · 100 · 200 km

— Staatsgrenze — Landesgrenze ■ Berlin Bundeshauptstadt ■ Landeshauptstadt

1 Ich wohne in ... Wo wohnen Sie? Woher kommen Sie? Wo arbeiten Sie?
Schreiben Sie Sätze.

Ich wohne in Unna, in der Nähe von Dortmund.
Das ist in Nordrhein-Westfalen.

Ich komme aus ... und arbeite in ...
Das ist bei ...

Ich war in ... Jetzt wohne ich in ...

2 Die Bundesrepublik Deutschland

a) Bundesländer und Landeshauptstädte. Ergänzen Sie. Die Karte auf Seite 24 hilft.

Deutschland ist eine Bundesrepublik. Seit 1990 gibt es sechzehn Bundesländer.

N … … … … … … … … … … … mit der Hauptstadt H … … … … … … … liegt in Nord-

deutschland und grenzt im Westen an die Niederlande, im Norden an die Nordsee und im

Nordosten an S … … … … … … … -H … … … … … … … mit der Landeshauptstadt K … … …

Kiel liegt nördlich vom Stadtstaat H … … … … … … Stadtstaaten sind kleine Bundesländer.

Die Bundeshauptstadt B … … … … … und die Stadt B … … … … sind auch Stadtstaaten.

Das Bundesland M … … … … … … … … … -V … … … … … … … … … … liegt im Nordosten

von Deutschland an der Ostsee. Die Landeshauptstadt S … … … … … … … ist im Norden

von M … … … … … … … … Das ist die Hauptstadt von S … … … … … -A … … … …

P … … … … … …, die Landeshauptstadt von B … … … … … … … …, liegt in der Nähe von

Berlin und nördlich von D … … … … … … Das ist die Hauptstadt von S … … … … …

Westlich von Dresden liegt E … … … … … in T … … … … … … …

b) Wo liegt das? Schreiben Sie wie im Beispiel.

1. Düsseldorf (Nordrhein-Westfalen) – Bonn
2. Saarbrücken (Saarland) – Trier
3. Mainz (Rheinland-Pfalz) – Frankfurt
4. Wiesbaden (Hessen) – Würzburg
5. Stuttgart (Baden-Württemberg) – Freiburg
6. München (Bayern) – Augsburg
7. Potsdam (Brandenburg) – Berlin

> 1. Düsseldorf ist die Hauptstadt von Nordrhein-Westfalen. Die Stadt liegt nordwestlich von Bonn.
> 2. Saarbrücken ist die Hauptstadt vom …

c) Wo ist das? Ordnen Sie die Städte von Westen nach Osten.

1 Park Wilhelmshöhe, Kassel 2 Altes Rathaus, Leipzig 3 Kölner Dom, Köln 4 Frauenkirche, Dresden 5 Krämerbrücke, Erfurt

Westen ← … … … … … → Osten

1 Florian und seine Wohngemeinschaft

a) **Lesen Sie den Text. Richtig oder falsch? Kreuzen Sie an.**

		richtig	falsch
1.	Florian wohnt im Zentrum von Köln.	☐	☐
2.	In Köln sind Wohnungen nicht teuer.	☐	☐
3.	Florians Zimmer hat keinen Balkon.	☐	☐
4.	Das Wohnzimmer ist groß.	☐	☐
5.	Die Küche ist klein.	☐	☐
6.	In der Wohnung gibt es nur ein Badezimmer.	☐	☐

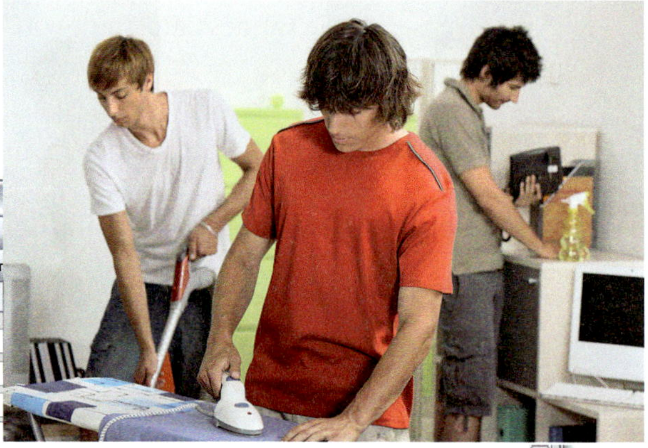

```
Umzug
Senden | Datei  Bearbeiten  Ansicht  Einfügen  Format  Extras  Aktionen  ?          Option
An...      arifin@gronline.id
Cc...
Betreff:   Meine Wohngemeinschaft
```

Hallo Arifin,

vielen Dank für deine E-Mail. Dein Deutsch ist schon sehr gut! ☺
Du schreibst, du lebst bei deinen Eltern in Jakarta. Meine Eltern leben auf
dem Land. Da gibt es nicht viel Arbeit. Ich arbeite in Köln und wohne im
Stadtzentrum. Hier gibt es viele Restaurants, Supermärkte und Kinos.
Köln ist eine Großstadt und die Wohnungen sind teuer. Ich lebe mit Stefan und
Cem in einer Wohngemeinschaft. Das ist nicht so teuer. Jeder hat ein Zimmer
und wir haben ein Bad, eine Küche und ein Wohnzimmer. Mein Zimmer ist hell
und groß, aber es hat keinen Balkon. Die Küche ist groß. Cem und ich kochen
gern. Dann essen wir zu Hause. Unser Wohnzimmer ist etwas klein für drei
Personen. Dort gibt es nur ein Sofa und zwei Sessel. Wir haben keinen Platz
für einen Wohnzimmertisch. Wir haben auch einen Fernseher im Wohnzimmer
und sehen zusammen Fussball oder Filme. Morgens ist es hier etwas
chaotisch. Alle wollen schnell ins Badezimmer!
Im August machst du einen Deutschkurs in Köln. Super! Cem ist im August
in Istanbul. Sein Zimmer ist frei. Du kannst hier schlafen.
Fliegst du nach Frankfurt? Dann komme ich. Ich habe ein Auto.

Viele Grüße
Florian

b) **Wer macht was: Arifin, Florian, Stefan oder Cem? Lesen Sie noch einmal und ergänzen Sie die Namen.**

1. .... lebt bei seinen Eltern.

2. .... kocht nicht so gern.

3. .... lernt Deutsch.

4. .... ist im August nicht in Deutschland.

5. .... arbeitet in Köln.

2 **Probleme!?**

a) **Hören Sie die Probleme und notieren Sie die Adjektive.**
19

1. *kalt* ....
....

4. ....
....

2. ....
....

5. ....
....

3. ....
....

6. ....
....

b) **Was ist das Gegenteil? Ergänzen Sie in 2a).**

c) **Hören Sie und kontrollieren Sie die Adjektive in 2a).**
20

3 **Die Wohnung von Stefan**

a) **Hören Sie den Dialog. Richtig oder falsch? Kreuzen Sie an.**
21

	richtig	falsch	
1. Das Café ist alt.	☐	☒	*Das Café ist neu.* ....
2. Die Gartenstraße ist laut.	☐	☐	....
3. Die Autos fahren langsam.	☐	☐	....
4. Die Zimmer sind dunkel.	☐	☐	....
5. Der Balkon ist klein.	☐	☐	....
6. Die Wohnung ist billig.	☐	☐	....

b) **Korrigieren Sie die falschen Sätze in 3a) wie im Beispiel.**

4 Mein, dein, sein – meine, deine, ihre

a) Maskulinum (*m*), Neutrum (*n*) oder Femininum (*f*)? Plural (*Pl.*)? Kreuzen Sie an.

	m	*n*	*f*	*Pl.*
1. Schule	☐	☐	☒	☐
2. Auto	☐	☐	☐	☐
3. Büro	☐	☐	☐	☐
4. Kinder	☐	☐	☐	☐
5. Freunde	☐	☐	☐	☐
6. Zimmer	☐	☒	☐	☒
7. Lehrerin	☐	☐	☐	☐
8. Mann	☐	☐	☐	☐

b) Ergänzen Sie die Possessivartikel.

1. Das ist Klaus.

   Das war ....*seine*........ Schule.

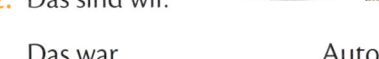

2. Das sind wir.

   Das war .... Auto.

3. Das bin ich.

   Das war .... Büro.

4. Seid ihr das?

   Waren das .... Kinder?

5. Bist du das?

   Waren das .... Freunde?

6. Das ist Ute.

   Das war .... Zimmer.

7. Das sind Keiko und Natascha.

   Das war .... Lehrerin.

8. Sind Sie das?

   War das .... Mann?

5 Possessivartikel. Ergänzen Sie.

1. Wie viele Zimmer hat ......*Ihre*...... Wohnung, Herr Neumann?

2. Jutta, ist das .... Heft?

3. Gehen wir heute Abend ins Konzert? Wo sind denn .... Karten?

4. Kirsten hat ein Auto, aber .... Auto ist zu klein für den Umzug.

5. Kinder, wo sind .... Bücher?

6. Herr und Frau Chaptal und .... Kinder kommen aus Brüssel.

7. Das Zimmer von Wolfgang ist klein. .... Bücherregal steht im Flur.

6 **Artikelwörter. Bestimmt oder unbestimmt, Nominativ oder Akkusativ? Kreuzen Sie an und ordnen Sie die Artikel zu.**

> die – das – eine – die – einen – einen –
> ein – das – die – eine – der

	bestimmt	unbestimmt	Nominativ	Akkusativ
1. Ich suche in Kassel .... Wohnung.	☐	☐	☐	☐
2. Daniel bestellt .... Kaffee.	☐	☐	☐	☐
3. .... Kaffee schmeckt sehr gut hier!	☐	☐	☐	☐
4. Kennen Sie .... Leute dort?	☐	☐	☐	☐
5. Wann beginnt heute .... Konzert von „Pur"?	☐	☐	☐	☐
6. Frau Gabler, ich habe .... Frage.	☐	☐	☐	☐
7. Meine Eltern haben .... Haus in München.	☐	☐	☐	☐
8. Wie findest du .... Uni hier?	☐	☐	☐	☐
9. Wie heißt .... Hauptstadt von England?	☐	☐	☐	☐
10. Entschuldigung, hast du .... Kuli für mich?	☐	☐	☐	☐
11. Wo ist .... Auto von Peter?	☐	☐	☐	☐

7 **Mein Traumhaus.**
Ergänzen Sie die unbestimmten Artikel im Nominativ oder Akkusativ.

Mein Traumhaus ist groß und alt. Es hat vier Zimmer, ...*eine*... Küche, ...

Badezimmer und .... Flur. Im Wohnzimmer sind .... Sofa, zwei Sessel,

.... Tisch und .... Bücherregale. Die Küche ist klein, aber das Esszimmer

ist groß. Da stehen .... Tisch und .... Schrank. Im Arbeitszimmer habe

ich .... Schreibtisch, ... Computer und .... Regal.

Das Schlafzimmer ist ruhig und dunkel. Da steht nur .... Bett. Das Haus hat auch

.... Garten. Der Garten ist groß. Es gibt nur .... Problem: Das Haus ist

viel zu teuer. Das ist leider alles nur .... Traum!

 Tipp
Im Plural gibt es keinen unbestimmten Artikel.

8 **Zwei Zimmer im Studentenwohnheim**

a) **Welches Zimmer gehört Susanne, welches Bernd? Hören Sie und notieren Sie die Namen.**

22

1. .... 2. ....

b) **Welches Wort passt? Lesen Sie und kreuzen Sie an.**

Susanne ist Studentin. Sie lebt im Wohnheim. Das ist nicht so .... [1]. Ihr Zimmer ist klein,

.... [2] hell. Es gibt ein Fenster. Links von der Zimmertür ist ein Bücherregal und ein .... [3].

Sie hat auch einen Schreibtisch und .... [4] Stuhl. Ihr Sessel ist am Fenster. Da liest sie.

Bernd wohnt .... [5] im Studentenwohnheim. Sein Zimmer findet er zu klein, aber es ist hell.

Das ist wichtig. Links von der Zimmertür ist sein .... [6] und rechts von der Tür ist sein

Kleiderschrank. .... [7] Sofabett ist auch rechts und der Schreibtisch ist am .... [8].

Da .... [9] er am Computer.

1. a	☐ dunkel	4. a	☐ einen	7. a	☐ Ihr
b	☐ teuer	b	☐ ein	b	☐ Unser
c	☐ laut	c	☐ keinen	c	☐ Sein
2. a	☐ und	5. a	☐ nicht	8. a	☐ Fenster
b	☐ oder	b	☐ auch	b	☐ Sofabett
c	☐ aber	c	☐ doch	c	☐ Sessel
3. a	☐ Bett	6. a	☐ Sessel	9. a	☐ arbeiten
b	☐ Sofa	b	☐ Computer	b	☐ arbeitet
c	☐ Sofabett	c	☐ Regal	c	☐ arbeite

9 **Schlafen.** **Ergänzen Sie.**

1. Ich .... *schlafe* .... gern.

2. Mein Vater .... nicht viel.

3. 💬 Wo .... du?
   ☁ Hier. Das ist mein Schlafzimmer.

4. 💬 .... Peter und Petra im Hotel?
   ☁ Ja, im Park Inn.

5. Ihr .... im Unterricht!
   Das finde ich nicht gut.

6. 💬 Wo .... wir in Köln?
   ☁ Bei Florian. Ist doch klar!

Grammatik		
ich	....
du	....
er/es/sie	....
wir	*schlafen*
ihr	....
sie/Sie	....

10 **Wo wohnt Eva?** Eva zeigt Marisa ihre neue Wohnung. Welche Antworten von Eva passen? Markieren Sie die Buchstaben und ergänzen Sie sie auf der Visitenkarte.

💬 Das ist deine neue Wohnung? Die hat aber einen langen Flur. Da rechts ist das Wohnzimmer?

👆 **h** Ja, das ist mein Wohnzimmer. Schön hell, oder?

👆 **g** Nein, das ist die Küche. Sie ist ziemlich groß. Der Tisch und die Stühle sind alt. Du kennst sie schon.

💬 Kochst du nicht zu Hause? Hier gibt es ja keinen Herd!

👆 **a** Ach, ich habe im Moment kein Geld für einen Herd. Der Umzug war sehr teuer.

👆 **b** Natürlich habe ich einen Herd. Hier. Er ist ganz neu.

💬 Na ja, du kannst ja im Restaurant essen. Und welches Zimmer ist das?

👆 **s** Das ist mein Schlafzimmer. Die Möbel kennst du ja schon.

👆 **r** Das ist mein Wohnzimmer. Schön hell, oder?

💬 Ja, sehr schön. Sind die Sessel und das Sofa neu?

👆 **b** Das Sofa ist schon alt, aber die Sessel sind neu.

👆 **t** Nein, die sind schon ein Jahr alt. Aber das Bücherregal ist neu.

💬 Das finde ich schön. Ich habe kein Regal. Du hast ja auch einen Balkon!

👆 **e** Ja, das ist toll. Wir können auf dem Balkon sitzen. Möchtest du etwas trinken?

👆 **a** Ja. Er ist neu und sehr modern.

💬 Gern, aber zuerst möchte ich dein Schlafzimmer sehen.

👆 **n** Das geht nicht. Das Schlafzimmer ist zu chaotisch. Komm, wir trinken einen Saft.

👆 **m** Das Zimmer ist sehr klein und dunkel. Das finde ich nicht so gut.

💬 Okay. Hast du Orangensaft?

... ...

Eva Moormann

G. ... ... straße 2
07745 Jena
Tel.: 03641/55 55 87 23

4 Leben in Deutschland

1 Wohnungsanzeigen

a) Was bedeuten die Abkürzungen? Verbinden Sie.

der Quadratmeter

der Neubau

1. OG	**1**	**a** Quadratmeter
Blk	**2**	**b** Neubau
2 Zi	**3**	**c** Nebenkosten
EG	**4**	**d** Zentralheizung
Kü	**5**	**e** Erdgeschoss
NK	**6**	**f** zwei Zimmer
qm	**7**	**g** erstes Obergeschoss
NB	**8**	**h** Balkon
ZH	**9**	**i** Küche

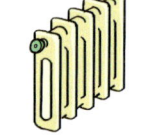
die Zentralheizung

Minimemo
1. Obergeschoss (OG) = 1. Stock

b) Welche Wohnung passt? Ordnen Sie zu.

Mannstr., zentral, 4. OG, 3 Zi, 97 qm, Bad, Blk, 1150 € inkl. NK.

a

Ostviertel, 2 Zi, 62 qm, EG, Garten, Kü, Bad, ruhig, 600 € + 180 € NK.

b

Zentrum, 3 Zi, 85 qm, Kü, Bad, 1.OG, 700 € + NK.

c

City, NB, 4 Zi, 110 qm, Kü, Bad, Blk, ZH, 1200 € + NK.

d

1. ☐ Susanne, Adriana und Sina sind Studentinnen. Sie möchten zusammen wohnen und suchen eine 3- oder 4-Zimmer-Wohnung. Sie können zusammen 900 Euro zahlen.

2. ☐ Frau Hanselmann sucht eine kleine, schöne Wohnung mit Garten oder Balkon. Sie möchte im Erdgeschoss oder im 1. Stock wohnen.

3. ☐ Peter und Heike Malinowski bekommen bald ein Baby. Sie suchen eine 3- oder 4-Zimmer-Wohnung mit circa 100 qm im Zentrum für maximal 1200 Euro warm.

2 Eine Wohnung suchen, eine Wohnung finden

a) Ordnen Sie die Bilder zu.

a

b

c

d

1. Wohnungsanzeigen lesen
2. eine Wohnung besichtigen
3. den Mietvertrag unterschreiben
4. zum Einwohnermeldeamt gehen

b) Was macht Herr Blair? Schreiben Sie zu jedem Bild einen Satz.

3 Eine Wohnung mieten

a) **Hören Sie und lesen Sie das Gespräch. Beantworten Sie die Fragen.**

23

💬 Guten Tag, Finster. DOGEWO Immobilien, Dortmund.

👆 Guten Tag, Frau Finster. Hier ist Mete Yildirim.

💬 Guten Tag, Herr Yildirim.

👆 Ich habe eine Frage: Ist die 3-Zimmer-Wohnung in der Münsterstraße noch frei?

💬 Nein, die ist schon weg. Aber die Wohnung in der Richardstraße 44 ist noch frei.

👆 Die Wohnung in der Richardstraße?

💬 Ja, das ist die 4-Zimmer-Wohnung in der Nähe vom Bahnhof.

👆 Ach ja. Die war auch sehr schön. Wie hoch ist die Miete?

💬 Die Kaltmiete ist 466 € im Monat.

👆 Und wie hoch sind die Nebenkosten?

💬 224 €. Die Warmmiete ist also 690 € im Monat.

👆 Das ist ziemlich viel.

💬 Ja, aber Sie kennen ja die Wohnung! Sie ist 87 Quadratmeter groß und hat vier Zimmer!

👆 Ja, das stimmt.

💬 Möchten Sie die Wohnung noch einmal besichtigen?

👆 Nein, danke, wir nehmen die Wohnung.

💬 Sehr schön.

👆 Wann können wir einziehen?

💬 Die Wohnung ist frei. Sie können gleich einziehen.

👆 Das ist gut.

💬 Können Sie morgen kommen und den Mietvertrag unterschreiben?

👆 Ja, das geht. Auf Wiederhören und bis morgen.

💬 Auf Wiederhören, Herr Yildirim.

Landeskunde

Das Einwohnermeldeamt

Sie haben eine neue Wohnung? Dann gehen Sie zum Einwohnermeldeamt und melden Ihre Wohnung an. Sie haben eine Woche Zeit. Für die Anmeldung brauchen Sie den Personalausweis oder den Reisepass, das Meldeformular und den Mietvertrag.

1. Ist die Wohnung in der Münsterstraße noch frei? ....

2. Wie viele Zimmer hat die Wohnung in der Richardstraße? ....

3. Wie groß ist die Wohnung? ....

4. Wie hoch sind die Nebenkosten? ....

5. Wie hoch ist die Warmmiete? ....

6. Wann unterschreibt Herr Yildirim den Mietvertrag? ....

b) **Schreiben Sie einen Dialog. Die Dialoggrafik hilft.**

💬 ... Wohnung in ... noch frei?   👆 Nein. Aber die Wohnung in ...

💬 Wie groß ...?   👆 ... Quadratmeter

💬 Balkon? / Garten? / Keller? / Aufzug?   👆 ...

💬 Miete?   👆 ... besichtigen?

💬 ... Gerne.   👆 ... Morgen?

5 Termine

1 Was macht Cornelia um ...?

a) Lesen Sie und unterstreichen Sie alle Uhrzeiten.

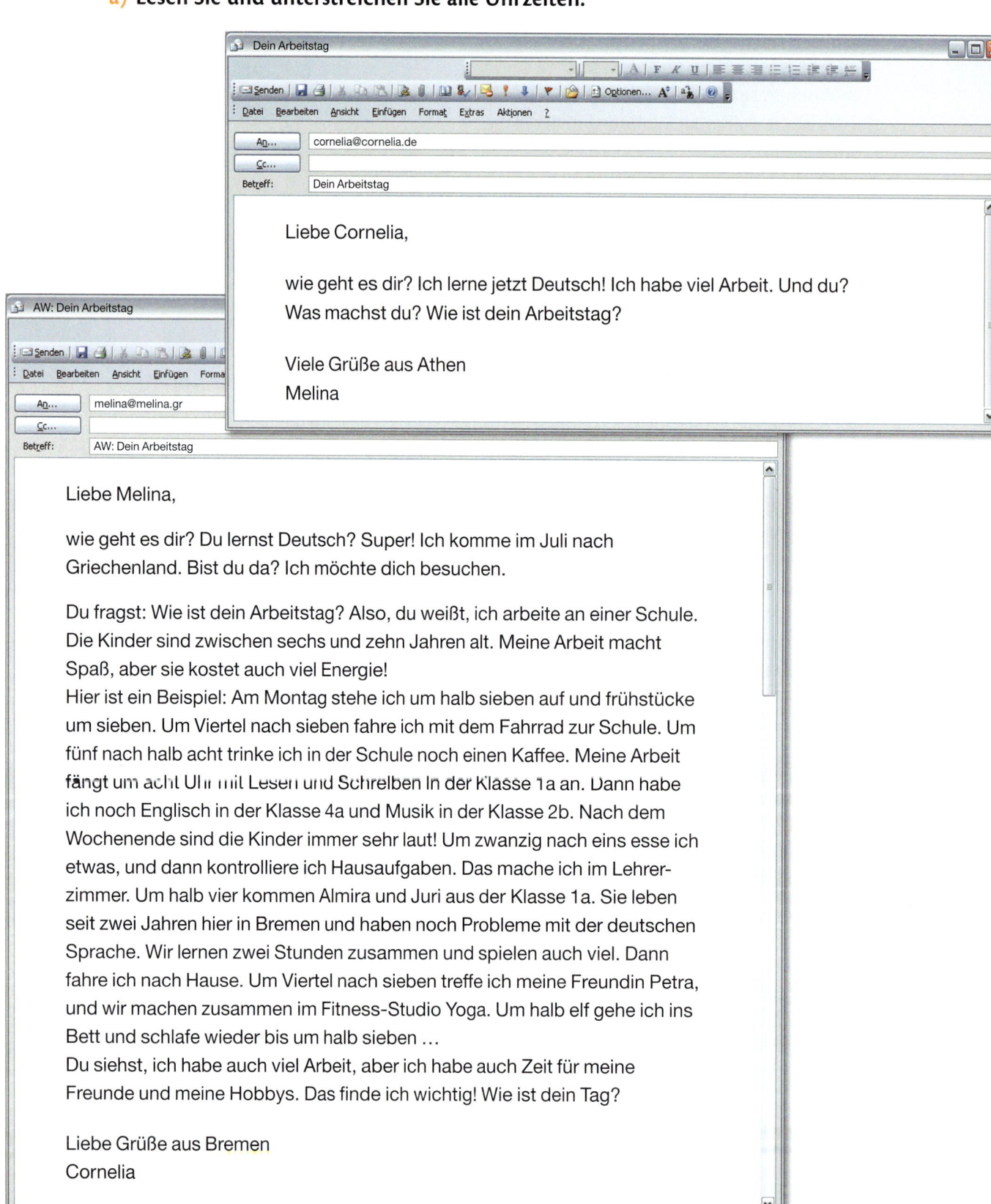

Dein Arbeitstag

An... cornelia@cornelia.de
Cc...
Betreff: Dein Arbeitstag

Liebe Cornelia,

wie geht es dir? Ich lerne jetzt Deutsch! Ich habe viel Arbeit. Und du?
Was machst du? Wie ist dein Arbeitstag?

Viele Grüße aus Athen
Melina

AW: Dein Arbeitstag

An... melina@melina.gr
Cc...
Betreff: AW: Dein Arbeitstag

Liebe Melina,

wie geht es dir? Du lernst Deutsch? Super! Ich komme im Juli nach
Griechenland. Bist du da? Ich möchte dich besuchen.

Du fragst: Wie ist dein Arbeitstag? Also, du weißt, ich arbeite an einer Schule.
Die Kinder sind zwischen sechs und zehn Jahren alt. Meine Arbeit macht
Spaß, aber sie kostet auch viel Energie!
Hier ist ein Beispiel: Am Montag stehe ich um halb sieben auf und frühstücke
um sieben. Um Viertel nach sieben fahre ich mit dem Fahrrad zur Schule. Um
fünf nach halb acht trinke ich in der Schule noch einen Kaffee. Meine Arbeit
fängt um acht Uhr mit Lesen und Schreiben in der Klasse 1a an. Dann habe
ich noch Englisch in der Klasse 4a und Musik in der Klasse 2b. Nach dem
Wochenende sind die Kinder immer sehr laut! Um zwanzig nach eins esse ich
etwas, und dann kontrolliere ich Hausaufgaben. Das mache ich im Lehrer-
zimmer. Um halb vier kommen Almira und Juri aus der Klasse 1a. Sie leben
seit zwei Jahren hier in Bremen und haben noch Probleme mit der deutschen
Sprache. Wir lernen zwei Stunden zusammen und spielen auch viel. Dann
fahre ich nach Hause. Um Viertel nach sieben treffe ich meine Freundin Petra,
und wir machen zusammen im Fitness-Studio Yoga. Um halb elf gehe ich ins
Bett und schlafe wieder bis um halb sieben ...
Du siehst, ich habe auch viel Arbeit, aber ich habe auch Zeit für meine
Freunde und meine Hobbys. Das finde ich wichtig! Wie ist dein Tag?

Liebe Grüße aus Bremen
Cornelia

b) Lesen Sie noch einmal und ergänzen Sie die formellen Uhrzeiten.

1. ..6.30.. Uhr: Cornelia steht auf.

2. .... Uhr: Sie frühstückt.

3. .... Uhr: Sie fährt zur Schule.

4. .... Uhr: Sie trinkt einen Kaffee.

5. .... Uhr: Der Arbeitstag beginnt.

6. .... Uhr: Cornelia macht Mittagspause.

7. .... Uhr: Zwei Schüler kommen zu Cornelia.

8. .... Uhr: Cornelia trifft Petra.

9. .... Uhr: Sie geht schlafen.

2 Wie spät ist es? **Verbinden Sie.**

13.00 Uhr	1	a	Es ist Viertel vor vier.
00.00 Uhr	2	b	Es ist Mitternacht.
03.45 Uhr	3	c	Es ist ein Uhr.
20.15 Uhr	4	d	Es ist fünf vor halb zwei.
23.35 Uhr	5	e	Es ist kurz vor zehn.
01.25 Uhr	6	f	Es ist fünf nach halb zwölf.
19.02 Uhr	7	g	Es ist kurz nach sieben.
21.58 Uhr	8	h	Es ist Viertel nach acht.

3 Uhrzeiten

24

a) Was passt? Hören Sie und ordnen Sie zu.

a ☐

c 1

b ☐

d ☐

b) Hören Sie noch einmal und zeichnen Sie die Uhrzeiten ein.

1. Wie spät ist es?

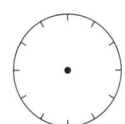

2. Wann geht der nächste Zug nach Mannheim?

3. Um wie viel Uhr fängt die Arbeit an?

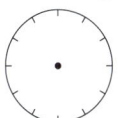

4. Wann trifft Sabine Carlos?

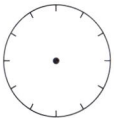

4 Tageszeiten

a) **Was sagt man wann? Ordnen Sie zu.**

> Guten Morgen! – Guten Tag! – Guten Tag! – Guten Abend! – Gute Nacht!

1. Es ist schon spät. Laura geht gleich ins Bett. ....

2. Paul kommt in die Küche. Seine Frau frühstückt schon. ....

3. Es ist Freitagnachmittag. Lisa trifft ihre Lehrerin in der Stadt. ....

4. Herr Bauer geht zum Mittagessen in ein Restaurant. Seine Chefin ist auch da. ....

5. Bernd ist Yogalehrer. Um 19.30 Uhr beginnt sein Kurs. Er begrüßt Sonja, eine Teilnehmerin. ....

b) **Sind Ihre Antworten in a) richtig? Hören Sie und vergleichen Sie.**
25

c) **Wer macht was? Hören Sie die Dialoge noch einmal und ordnen Sie zu.**
25

Laura	1		a	macht einen Fotokurs.
Michael	2		b	fährt mit dem Auto nach Köln.
Paul	3		c	möchte mit seiner Frau essen.
Lisa	4		d	sieht einen Film.
Herr Bauer	5		e	steht morgen um sechs Uhr auf.
Frau Ende	6		f	geht jeden Mittwoch ins Restaurant.

5 Termine. **Was sagen Sie? Kreuzen Sie an.**

1. **Sie brauchen einen Termin beim Friseur.**
   a ☐ Haben Sie am Samstagvormittag einen Termin frei?
   b ☐ Können Sie am Freitag um halb zehn?

2. **Sie waren beim Arzt und kommen zwanzig Minuten zu spät zum Deutschkurs.**
   a ☐ Entschuldigung, ich war beim Arzt.
   b ☐ Entschuldigung, mein Arzt hatte keinen Termin frei.

3. **Emma möchte am Montagabend mit Ihnen ins Kino gehen. Sie haben keine Zeit.**
   a ☐ Am Dienstag kann ich auch nicht.
   b ☐ Am Montag? Nein, das geht nicht. Da mache ich einen Yogakurs.

4. **Heute ist Dienstag. Am Freitag haben Sie um 9 Uhr einen Termin beim Arzt und einen Termin mit Ihrer Deutschlehrerin. Der Termin ist sehr wichtig. Sie brauchen einen neuen Arzttermin.**
   a ☐ Ich kann am Freitag um 9 Uhr nicht. Haben Sie am Nachmittag noch einen Termin frei?
   b ☐ Tut mir leid, das passt mir nicht.

5. **Pierre möchte jetzt mit Ihnen einen Kaffee trinken. Sie haben einen Yogakurs, dann haben Sie aber Zeit.**
   a ☐ Nein, ich komme nicht mit.
   b ☐ Ich kann jetzt nicht, aber in zwei Stunden. Geht das auch?

6 **Textkaraoke: Friseurtermin.** **Hören Sie und sprechen Sie die ⤚-Rolle im Dialog.**

...
⤚ Guten Tag, mein Name ist ... (*Ihr Name*). Ich hätte gern einen Termin.
...
⤚ Äh, ja.
...
⤚ ... (*Ihr Name*)
...
⤚ Nein, das passt mir leider nicht. Geht es auch um 9 Uhr?
...
⤚ Gut, dann komme ich am Mittwoch um 9 Uhr. Vielen Dank. Auf Wiederhören!
...

7 **Trennbare Verben**

a) Ergänzen Sie.

| an – auf – aus – ein – mit – zu |

1. Ich rufe morgen beim Friseur ....

2. Ordnen Sie den Fragen passende Antworten ....

3. Geht ihr morgen Abend .... ?

4. Ich stehe von Montag bis Freitag immer um halb sieben ....

5. Ihr wollt gleich ins Café gehen? Ich kann nicht. Ich komme heute nicht ....

6. Kaufen Sie immer im Supermarkt .... ?

b) Schreiben Sie Fragen und Antworten wie im Beispiel.

1. heute Nachmittag anrufen – wann

💬 *Rufst du an?*
🗨 *Ja, ich rufe an.*
💬 *Wann rufst du an?*
🗨 *Ich rufe heute Nachmittag an.*

2. im Supermarkt einkaufen – wo

💬 ....
🗨 ....
💬 ....
🗨 ....
....

3. am Wochenende ausgehen – wann

💬 ....
🗨 ....
💬 ....
🗨 ....
....

4. um neun Uhr anfangen – wann

💬 ....
🗨 ....
💬 ....
🗨 ....

8 **Wo steht *nicht*? Schreiben Sie Sätze mit *nicht*. Markieren Sie die richtige Position und schreiben Sie die Buchstaben in die Lösung.**

1. Ich .... verstehe .... Sie ....x..... .
   [N]   [O]   [T]

   Ich verstehe Sie nicht.

2. Morgen Vormittag? Tut mir leid, ich .... kann ....
                                        [P]   [E]

   ....

3. Nein, ich .... gehe .... am Wochenende .... aus ....
             [A]   [H]   [R]   [R]

   ....

4. Nein, ich .... rufe .... dich .... an ....
             [B]   [E]   [M]   [K]

   ....

5. Kommen .... Sie .... am .... Mittwochnachmittag .... mit?
          [T]   [U]   [S]   [I]

   ....

6. Tut mir leid, in einer Stunde .... geht .... es .... auch ....
                                  [R]   [O]   [D]   [N]

   ....

7. Donnerstag? Nein, das .... passt .... mir ....
                          [N]   [L]   [E]

   ....

Lösungswort: *T* ....

9 ***Nicht* oder *kein-*? Antworten Sie.**

1. 💬 Gehst du am Sonntag aus? 👆 *Nein, ich gehe am Sonntag nicht aus.* ....

2. 💬 Arbeitet Thomas heute? 👆 Nein, ...

3. 💬 Hast du morgen Zeit? 👆 Tut mir leid. ....

4. 💬 Möchtest du eine Cola? 👆 Nein, danke. ....

5. 💬 Könnt ihr am nächsten Wochenende?

   👆 Nein, ...

6. 💬 Haben Sie am Montag einen Termin frei?

   👆 Nein, tut mir leid. Wir ....

7. 💬 Wir gehen am Freitag zu Lisas Party. Kommst du mit?

   👆 Am Freitag? Nein, ...

10 Präteritum von *haben*

a) **Ergänzen Sie.**

ich .... wir *hatten*...........................

du .... ihr ....

er/es/sie .... sie/Sie ....

b) **Kein Glück … Ergänzen Sie.**

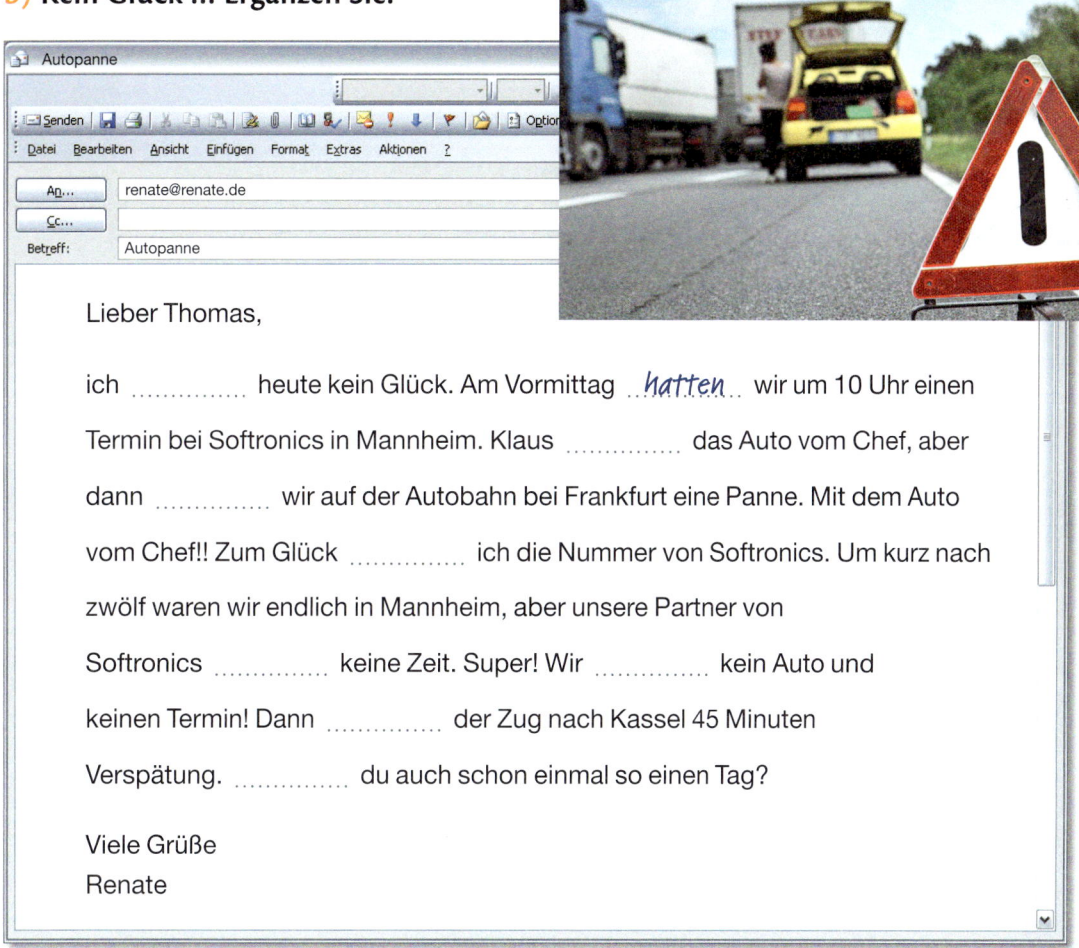

Autopanne

Senden | Datei Bearbeiten Ansicht Einfügen Format Extras Aktionen ?

An... renate@renate.de

Cc...

Betreff: Autopanne

Lieber Thomas,

ich .... heute kein Glück. Am Vormittag *hatten* wir um 10 Uhr einen

Termin bei Softronics in Mannheim. Klaus .... das Auto vom Chef, aber

dann .... wir auf der Autobahn bei Frankfurt eine Panne. Mit dem Auto

vom Chef!! Zum Glück .... ich die Nummer von Softronics. Um kurz nach

zwölf waren wir endlich in Mannheim, aber unsere Partner von

Softronics .... keine Zeit. Super! Wir .... kein Auto und

keinen Termin! Dann .... der Zug nach Kassel 45 Minuten

Verspätung. .... du auch schon einmal so einen Tag?

Viele Grüße
Renate

11 *Haben* und *sein* im Präteritum. **Ergänzen Sie.**

1. ◯ Wie ...*war*... Madrid?

   ◔ Madrid .... super.

   ◯ .... ihr Zeit für Museen?

   ◔ Ja, wir .... im Reina Sofía

   und im Prado.

   ◯ Und .... ihr auch bei Isabel?

   ◔ Nein, sie .... leider keine Zeit.

   Aber John .... auch in Madrid.

   Wir .... viel Spaß zusammen.

2. ◯ Wo .... du am Montag?

   Wir .... eine Verabredung.

   ◔ Am Montag? Ich .... keine Zeit.

   ◯ Ja, genau. Ich .... dann allein

   im Kino.

   ◔ Das tut mir leid.

   ◯ .... du auch kein Telefon?

   ◔ Ja, aber ich .... deine Nummer

   nicht.

   ◯ .... das wirklich so?

5 Leben in Deutschland

1 Über Tagesabläufe sprechen

a) Was macht Dana wann? Schreiben Sie Sätze.

Montag	Dienstag	Mittwoch	Donnerstag	Freitag	Samstag	Sonntag
8.15 Termin im Bürger- büro	9 – 13.00 Deutschkurs	8 – 13 im Supermarkt arbeiten	9 – 13.00 Deutschkurs	13:00 – 18.30 im Super- markt arbeiten	einkaufen	12 mit Freunden im Park grillen
12.30 mit Carmen Mittagessen	15.00 Termin beim Finanzamt	14.30 Friseurtermin	15 – 17 mit Larissa lernen		Wohnung aufräumen	
	19 mit Kai joggen	20.15 ins Kino gehen	18.30 Eltern anrufen	20 mit Lara ausgehen		

> Am Montag hat Dana um 8.15 Uhr einen Termin im Bürgerbüro.
> Um 12.30 isst sie mit Carmen Mittagessen. Am Dienstag ...

b) Was machen Sie wann? Ergänzen Sie den Terminkalender.

> einkaufen – aufräumen – Deutsch lernen – ins Kino gehen – ausgehen – Freunde treffen –
> Eltern besuchen – Sport machen – grillen – Deutschkurs besuchen – arbeiten – ...

10 Montag	11 Dienstag	12 Mittwoch	13 Donnerstag	14 Freitag	15 Samstag	16 Sonntag
314–51	315–50 Martinstag	316–49	317–48	318–47	319–46	320–45 Volkstrauertag
7	7	7	7	7	7	7
8	8	8	8	8	8	8
9	9	9	9	9	9	9
10	10	10	10	10	10	10
11	11	11	11	11	11	11
12	12	12	12	12	12	12
13	13	13	13	13	13	13
14	14	14	14	14	14	14
15	15	15	15	15	15	15
16	16	16	16	16	16	16
17	17	17	17	17	17	17
18	18	18	18	18	18	18
19	19	19	19	19	19	19
20	20	20	20	20	20	20

c) Arbeiten Sie zu zweit. Fragen und antworten Sie.

💬 Wann frühstückst du am Wochenende?　　　　　👍 Zwischen ... und ....

💬 Von wann bis wann arbeitest du?　　　　　👍 Von ... bis ...

💬 Wann stehst du am Montag auf.　　　　　👍 Um ...

💬 Was machst du am Dienstagnachmittag?　　　　　👍 ...

💬 Hast du am Mittwochabend Zeit?　　　　　👍 ...

2 Öffnungszeiten

a) Lesen Sie die Schilder und ergänzen Sie.

RATHAUS

Öffnungszeiten Bürgeramt

Montag	7.30 bis 12.30 Uhr
Dienstag	8.30 bis 12.30 Uhr
Mittwoch	geschlossen
Donnerstag	8.30 bis 12.30 Uhr und 13.30 bis 18 Uhr
Freitag	8.30 bis 12.30 Uhr.

Bäckerei Zacher

Öffnungszeiten

Mo – Fr 6.00 – 19.00 Uhr
Sa 7.00 – 13.00 Uhr

POST

Öffnungszeiten

Mo – Fr 9.00 – 18.00 Uhr
Sa 9.00 – 12.00 Uhr

1. Wann öffnet die Bäckerei am Samstag? .. Um ....
2. Wann schließt die Bäckerei am Donnerstag? .. Um ....
3. Wann macht die Post am Dienstag zu? .. Um ....
4. Von wann bis wann hat die Post am Mittwoch auf? .. Von .... bis ....
5. Bis wann hat das Bürgeramt am Freitag geöffnet? ....
6. Ist die Bäckerei sonntags geöffnet? ....

b) Arbeiten Sie zu zweit. Fragen und antworten Sie.

> Hat die Bäckerei am Samstag auf?

> Ja, sie hat am Samstag von ...

3 Termine und Zeitangaben verstehen. Hören Sie die Texte zweimal. Was ist richtig? Kreuzen Sie an.

27

1. Wann ist der Termin?
   - a ☐ Morgen um 2 Uhr.
   - b ☐ Morgen um 12 Uhr.
   - c ☐ Heute Mittag.

2. Die Arztpraxis ist ...
   - a ☐ am Mittwochnachmittag geöffnet.
   - b ☐ am Donnerstagvormittag geschlossen.
   - c ☐ am Donnerstag bis um sechs geöffnet.

3. Tarek ...
   - a ☐ kommt zwanzig Minuten später.
   - b ☐ kommt erst am Abend.
   - c ☐ kommt pünktlich.

4. Wann gehen Ava und Tina ins Kino?
   - a ☐ Am Samstagabend.
   - b ☐ Morgen Abend.
   - c ☐ Am Sonntagabend.

4 In meiner Stadt. Recherchieren Sie und notieren Sie die Öffnungszeiten.

die Bibliothek

die Volkshochschule

das Schwimmbad

1 Leipzig-Quiz

a) Welches Foto passt? Lesen Sie und ordnen Sie zu.

1. ☐ Die Universität Leipzig am Augustusplatz gibt es schon seit 1409. Der Dichter Goethe und der Autor Jean Paul waren Studenten an der Universität Leipzig. Im Jahr 1760 leben 30 000 Menschen in der Stadt und die Universität hat schon 600 Studenten. Die moderne Universität hat heute über 30 000 Studenten.

2. ☐ Die Alte Nikolaischule am Nikolaihof war ab 1511 die erste Schule in Leipzig. Der Philosoph und Mathematiker Wilhelm Leibnitz, der Komponist Richard Wagner und der Sozialist Karl Liebknecht waren Schüler der Nikolaischule. Heute gibt es in der Nikolaischule Theaterprojekte und Konzerte.

3. ☐ Der berühmte Komponist Johann Sebastian Bach war Thomaskantor in der Stadt Leipzig. Das Bach-Archiv im Bosehaus ist am Leipziger Thomaskirchhof. Das Bosehaus war von 1723 bis 1750 das Wohnhaus der Familie Bach. Im Bach-Archiv gibt es heute Spezialbibliotheken zum Thema Bach und ein Bach-Museum.

4. ☑ e   Das Schumann-Haus in der Inselstraße war von 1840 bis 1844 die Wohnung von Clara und Robert Schumann. Clara war Komponistin und eine bekannte Pianistin. Robert war ein berühmter Komponist. Anfang 1841 komponiert er in dem Haus in der Inselstraße die Frühlingssinfonie. Das Klavierkonzert in a-Moll macht die Schumanns international berühmt.

5. ☐ Im Mendelssohn-Haus in der Goldschmidtstraße 12 war die Wohnung von Felix Mendelssohn Bartholdy (1809–1847). Mendelssohn war ein berühmter Komponist und großer Musiker. Heute ist in dem Haus ein Museum. Hier können Sie die Wohnung der Familie Mendelssohn sehen. Im Musiksalon finden oft Konzerte statt.

b) Was ist richtig? Lesen Sie noch einmal und kreuzen Sie an.

1. Wie alt ist die Universität im Jahr 2014?
   - a ☐ 105 Jahre
   - b ☐ 255 Jahre
   - c ☐ 605 Jahre

2. Wo gibt es in Leipzig Theaterprojekte und Konzerte?
   - a ☐ Im Bach-Archiv.
   - b ☐ In der Nikolaischule.
   - c ☐ Im Schumann-Haus.

3. Welcher deutsche Dichter war nicht Student in Leipzig?
   - a ☐ Johann Wolfgang von Goethe.
   - b ☐ Friedrich Schiller.
   - c ☐ Jean Paul.

4. Clara Schumann war eine berühmte ...
   - a ☐ Musikerin.
   - b ☐ Philosophin.
   - c ☐ Dichterin.

5. Wie heißt die erste Schule Leipzigs?
   - a ☐ Bachschule.
   - b ☐ Nikolausschule.
   - c ☐ Nikolaischule.

6. Welcher berühmte Komponist wohnt bis 1847 in Leipzig?
   - a ☐ Johann Sebastian Bach.
   - b ☐ Felix Mendelssohn-Bartholdy.
   - c ☐ Robert Schumann.

7. Was ist am Thomaskirchhof?
   - a ☐ Das Schumannhaus.
   - b ☐ Das Bach-Archiv.
   - c ☐ Die Universität.

8. Wer war Wilhelm Leibnitz?
   - a ☐ Philosoph und Mathematiker.
   - b ☐ Dichter und Komponist.
   - c ☐ Thomaskantor.

2 Leben ohne Auto. Suchen Sie sieben Wörter und ergänzen Sie die Sätze.

K	E	R	F	F	A	N	T	O	R	L	A
S	T	R	A	S	S	E	N	B	A	H	N
A	L	E	Q	U	I	K	B	I	R	D	U
B	U	S	T	E	F	E	R	N	A	N	F
N	E	T	H	P	A	K	C	K	E	N	O
M	B	A	H	N	H	O	F	I	D	A	P
J	S	U	R	S	R	S	C	H	U	L	E
I	S	R	N	E	R	E	D	N	U	F	R
O	R	A	S	T	A	L	E	O	N	E	U
K	E	N	G	A	D	I	T	R	T	L	N
T	N	T	A	E	G	H	U	N	K	P	G

1 **Ludwig (54) und Karin (49) Pohlmann**

Wir haben eine Wohnung im Zentrum von Leipzig. Meine Frau arbeitet hier bei BMW, aber wir haben kein Auto. Sie fährt mit der

.... β e n ....

zur Arbeit. Mein Hobby ist auch mein Beruf.

Ich koche und esse gerne und arbeite in einem

.... t . Ich fahre

immer mit dem .... r ....

zur Arbeit. Das ist auch Sport und macht fit.

2 **Friederike May (30) und Uwe Abel (34)**

Wir wohnen in einem Dorf. Ich bin Lehrerin und fahre mit dem

.... zur Arbeit. Die .... ist in Schkeuditz.

Uwe ist Musiker und arbeitet in Leipzig an der ....

Er arbeitet viel zu Hause und fährt mit dem Zug in die Stadt.

Der .... ist hier in der Nähe. Wir brauchen

kein Auto.

3 Verkehrsmittel

28

a) Mit welchen Verkehrsmitteln fährt Susanne? Hören Sie und kreuzen Sie an.

b) Hören Sie noch einmal und ergänzen Sie.

1. Um 7.30 Uhr fährt Susanne ..... *mit dem Fahrrad* ..... zum Bahnhof.

2. Um 7.54 Uhr fährt sie .... von Bonn nach Köln.

3. Um 17.05 Uhr fährt sie .... zum Markt und trifft Marie.

4. Um 17.15 Uhr fahren Susanne und Marie .... zum Sport.

5. Um 20.27 Uhr fährt Susanne .... wieder nach Bonn.

4 **Alexanders Terminkalender.** Was war wann? Ergänzen Sie das Datum.

März	April	Mai	Juni	Juli	August	September	Oktober
1 Do	1 So	1 Di *Maifeiertag*	1 Fr	1 So	1 Mi *1. Arbeitstag!*	1 Sa	1 Mo 45
2 Fr	2 Mo 14	2 Mi	2 Sa	2 Mo *WG-Zimmer :-)* 27	2 Do	2 So	2 Di
3 Sa	3 Di	3 Do	3 So	3 Di	3 Fr	3 Mo 36	3 Mi *Tag der Dt. Einheit*
4 So	4 Mi	4 Fr	4 Mo 23	4 Mi *Möbel*	4 Sa	4 Di	4 Do
5 Mo 10	5 Do	5 Sa	5 Di	5 Do *kaufen!*	5 So	5 Mi	5 Fr
6 Di	6 Fr *Karfreitag*	6 So	6 Mi	6 Fr	6 Mo 32	6 Do	6 Sa
7 Mi	7 Sa *Karsamstag*	7 Mo 19	7 Do *Fronleichnam*	7 Sa	7 Di	7 Fr *Party bei Dirk*	7 So
8 Do	8 So *Ostersonntag*	8 Di	8 Fr	8 So	8 Mi	8 Sa	8 Mo 41
9 Fr	9 Mo *Ostermontag* 15	9 Mi	9 Sa *Wohnungssuche in Leipzig*	9 Mo	9 Do	9 So	9 Di
10 Sa	10 Di	10 Do	10 So	10 Di	10 Fr	10 Mo 37	10 Mi
11 So	11 Mi	11 Fr	11 Mo 24	11 Mi	11 Sa *Geburtstag Tina*	11 Di	11 Do
12 Mo 11	12 Do	12 Sa	12 Di	12 Do	12 So	12 Mi	12 Fr
13 Di 7	13 Fr *Zahnarzt*	13 So	13 Mi	13 Fr	13 Mo 33	13 Do	13 Sa
14 Mi	14 Sa	14 Mo 20	14 Do	14 Sa *Umzug!*	14 Di	14 Fr	14 So
15 Do	15 So	15 Di	15 Fr	15 So	15 Mi	15 Sa	15 Mo 42
16 Fr	16 Mo 16	16 Mi	16 Sa *Wohnungssuche in Leipzig*	16 Mo 29	16 Do	16 So	16 Di
17 Sa	17 Di	17 Do *Christi Himmelfahrt*	17 So	17 Di	17 Fr	17 Mo 38	17 Mi
18 So	18 Mi	18 Fr	18 Mo 25	18 Mi *Urlaub an der Ostsee*	18 Sa	18 Di *Geburtstag Nico*	18 Do
19 Mo 12	19 Do	19 So	19 Di	19 Do	19 So	19 Mi	19 Fr
20 Di *...nmontag* 8	20 Fr	20 Sa	20 Mi	20 Fr	20 Mo 34	20 Do	20 Sa
21 Mi	21 Sa	21 Mo *Porsche, Leipzig* 21	21 Do	21 Sa	21 Di	21 Fr	21 So
22 Do	22 So	22 Di *Job ok!!*	22 Fr	22 So	22 Mi	22 Sa	22 Mo 43
23 Fr	23 Mo	23 Mi 17	23	23 Mo 30	23	23	23 Di

Am ....*einundzwanzigsten Fünften*.... hat Alexander um zehn Uhr einen Termin mit dem

Personalchef bei Porsche. Gleich am Dienstag weiß er: Er hat den Job! Jetzt braucht er eine neue

Wohnung. Am .... und am .... fährt er wieder nach

Leipzig. Leider hat er kein Glück. Aber am .... findet er ein Zimmer in einer

Wohngemeinschaft. Jetzt fehlen nur noch die Möbel! In der Woche vom ....

bis zum .... bestellt er im Möbelhaus ein Bett, einen Tisch und einen Stuhl.

Am .... ist der Umzug. Seine Freunde kommen mit und helfen. Und

am .... ist der erste Arbeitstag bei Porsche!

5 **Mit der Freundin in Berlin. Ergänzen Sie die Präpositionen *in*, *an*, *neben* und *vor* und die Artikel im Dativ.**

Hallo Tom! Wir waren am Wochenende in Berlin. Ich habe hier ein paar Fotos. Hier siehst du Julia auf dem Sofa im Wohnzimmer von Simon.

1. Auf dem nächsten Bild steht sie

   .... Universität.

3. Und hier sind wir mit Simon und Rafiki

   .... Park. .... Julia steht Simon.

2. Dieses Foto ist auch sehr schön.

   Das ist .... Café Einstein. Das kennst du doch auch.

4. Das ist Simons Zimmer. .... Zimmer hängt immer noch ein Bild von Che Guevara

   .... Wand. Glaubst du das?

6 **An der Information im Goethe-Institut.** Was ist wo? Schreiben Sie die Antworten.

4. Etage	Caféteria	Kino
3. Etage	Direktor	Sekretariat
2. Etage	Bibliothek	Lesesaal
1. Etage	Kursräume 101–112	
EG	Information	Galerie

1. 💬 Entschuldigung, wo finde ich das Sekretariat?

   👆 Das Sekretariat ist ....*in der dritten Etage rechts*.....

2. 💬 Meine Freundin wartet im Café. Wo finde ich es?

   👆 In ....

3. 💬 Ich habe jetzt einen Kurs im Raum 103. Wo ist das?

   👆 Alle Kursräume sind ....

4. 💬 Wir haben um 15.30 Uhr einen Termin mit dem Direktor. Wo finden wir sein Büro?

   👆 Das Büro von Herrn Schmidt ist ....

5. 💬 Ich suche das Kino. Wo ist das?

   👆 Das finden Sie ....

6. 💬 Ich suche Bücher über Deutschland. Haben Sie eine Bibliothek?

   👆 Ja, unsere Bibliothek ist ....

7 **Wo macht man das?** Ordnen Sie die Räume zu.

> das Sekretariat – der Sprachkurs –
> die Küche – die Bibliothek – ~~das Café~~ –
> das Kino – das Büro – ~~das Restaurant~~

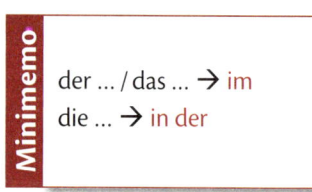

Minimemo

der ... / das ... → im
die ... → in der

1. Essen und Getränke bestellen – Freunde treffen –
   die Rechnung bezahlen

   ....*im Restaurant / im Café*....

2. Texte lesen – Dialoge hören – Antworten geben –
   Wörter lernen

   ....

3. Termine machen – Fotokopien machen – E-Mails
   schreiben – Geschäftspartner anrufen

   ....

4. Freunde treffen – Filme sehen – Getränke kaufen –
   Eis essen

   ....

5. Essen kochen – Frühstück machen – Zeitung lesen –
   Radio hören

   ....

6. Informationen suchen – Bücher lesen – ins Café
   gehen – im Gruppenraum arbeiten

   ....

8 **Wo ist ...?** Hören Sie mehrmals und zeichnen Sie das Bild zu Ende.

29

9 **In einer Sprachschule**

a) Ergänzen Sie die Präpositionen *in, neben, unter* und *zwischen.*

Das ist eine Sprachschule. .... den Kursräumen links findet der Unterricht statt. Der Kurs A1

ist .... der ersten Etage, der Kurs B1 ist .... der dritten Etage und der Kurs A2 ist

.... den Kursräumen A1 und B1. Die Kantine ist .... Erdgeschoss, ...

dem Kursraum von A1. Rechts .... der Kantine ist das Treppenhaus. .... Erdgeschoss

rechts ist die Projektgalerie. .... der Projektgalerie hängen die Projektplakate aus den

Sprachkursen. Sie ist direkt .... dem Lesezimmer. In der zweiten Etage rechts ....

dem Videoraum hängt die Infowand. Der Videoraum ist .... dem Sekretariat.

b) **Was ist wo? Schreiben Sie.**

a *Kurs B1* .... d .... g ....

b .... e .... h ....

c .... f .... i ....

1 Orientierung in der Stadt

a) Was ist was?
Ordnen Sie zu.

6 die Bank ☐ die Post ☐ der Marktplatz ☐ der Sportplatz ☐ der Bahnhof
☐ das Kino ☐ der Park und der Spielplatz ☐ die Schule ☐ das Café ☐ das Rathaus
☐ die Bibliothek ☐ das Theater ☐ der Supermarkt ☐ das Krankenhaus
☐ die Kirche ☐ das Hotel ☐ die Polizei ☐ die Bushaltestelle ☐ das Schwimmbad
☐ die Toiletten ☐ die Apotheke ☐ der Zoo

b) Hören Sie und zeigen Sie.

30

c) **Was passt zusammen? Verbinden Sie.**

Das Café Einstein ist am Marktplatz.	1	a	Sie ist im Krankenhaus.
Das ist das Rathaus.	2	b	Der Bahnhof ist im Zentrum.
Das ist meine Bank.	3	c	Sie heißt Robert-Blum-Oberschule.
Mein Sohn geht in die Schule.	4	d	Das Rathaus auch.
Meine Oma ist krank.	5	e	Die Bank ist in der Fußgängerzone.
Wo ist der Bahnhof?	6	f	Das Bürgerbüro ist im Rathaus.

2 **Meine Wohnung – mein Haus**

a) **Was ist was? Ordnen Sie zu.**

- ☐ das Erdgeschoss
- ☐ die Klingel
- ☐ der 1. Stock
- ☐ der 2. Stock
- ☐ das Dachgeschoss
- ☐ das Fenster
- ☐ der Balkon
- ☐ der Garten
- ☐ die Tür
- ☐ der Hof
- ☐ die Mülltonne
- ☐ der Aufzug
- ☐ das Treppenhaus
- ☐ der Keller
- ☐ der Briefkasten
- ☐ der Fahrradständer
- ☐ der Parkplatz in der Tiefgarage

b) **Hören Sie und ergänzen Sie.**

31

1. Die Wohnung von Larissa ist ....

2. Sie ist im ....

3. Die Wohnung hat .... Quadratmeter.

4. Die Nachbarn im .... sind sehr nett.

5. Im .... gibt es eine Bäckerei.

6. .... dem Haus ist ein Supermarkt.

7. Hinter dem Haus ist ein ....

8. Leider gibt es nur sehr wenige ....

7 Berufe

1 **Frauenberufe – Männerberufe.** Wer macht was? Lesen Sie die Texte und kreuzen Sie an.

Lehrerin, Sekretärin, Krankenschwester und Verkäuferin – klar, das sind Frauenberufe. Männer arbeiten als Arzt, Ingenieur oder Kfz-Mechatroniker. Es gibt aber immer mehr Frauen in Männerberufen – und auch Männer in Frauenberufen!

Sabine Wulf (34) ist Pilotin bei der Lufthansa. Sie fliegt eine Boeing 737. Sabine macht ihren Beruf gerne. Computer und Technik waren für sie schon immer interessant. Als Pilotin ist sie auch an den Wochenenden nicht oft zu Hause. Sabine arbeitet viel mit Männern zusammen. Das ist für sie kein Problem. Nur fünf von einhundert Piloten in Deutschland sind Frauen.

Marion Schmidt (30) ist Kfz-Mechatronikerin. Sie findet Motoren, Technik und Mechanik interessant. In ihrer Reparaturwerkstatt ist sie die Chefin. Am Anfang hatte Marion Probleme. Sie sagt, Männer bringen ihre Autos nicht so gern zu einer Frau in die Werkstatt. Aber Frauen haben auch Autos und finden die Werkstatt von Marion gut. Seit einem Jahr arbeiten noch zwei Kfz-Mechatroniker bei Marion. Es gibt in diesem Beruf einfach nicht viele Frauen.

Monika Müller (31) und **Stefanie Wolf** (29) sind Geschäftspartnerinnen: Monika ist Programmiererin und Stefanie repariert Computer. Seit drei Jahren haben sie ein kleines Computergeschäft mit Reparaturwerkstatt in Leipzig. Monika macht den Einkauf für das Geschäft und besucht oft Computermessen in Deutschland und im Ausland. Sie arbeitet auch im Verkauf. Stefanie installiert Programme und repariert Computer. An den Wochenenden organisieren sie manchmal Computerkurse – nicht nur für Frauen! Viele Kunden sind Männer. Sie finden den Service sehr gut.

Ralf Moormann (29) ist Krankenpfleger. In seinem Beruf gibt es nicht sehr viele Männer. Ralf arbeitet schon seit fünf Jahren in einem Krankenhaus. Er arbeitet mit den Ärzten zusammen und findet den Kontakt zu den Patienten sehr wichtig. Er meint, Ärzte, Krankenpfleger und -schwestern haben

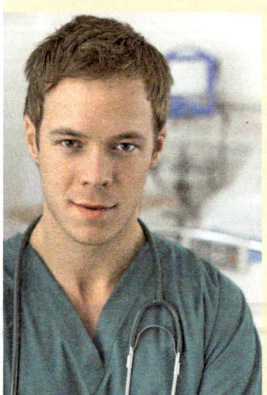

meistens nicht viel Zeit für die Patienten. Das ist nicht so gut. Aber seine Arbeit macht Spaß. Nur an den Wochenenden geht er nicht so gern zur Arbeit.

Carsten Rahn (28) ist Lehrer an einer Grundschule. Das ist eine Schule für Kinder zwischen sechs und zehn Jahren. Er unterrichtet Deutsch und gibt an seiner Schule auch Computerkurse. Kinder und Technik – Carsten findet, das passt gut zusammen. Er arbeitet gern mit Kindern und findet seinen Beruf sehr wichtig. Leider sind in Deutschland nicht viele Männer Lehrer an einer Grundschule. 60 % der Grundschullehrer sind Frauen. Carsten sagt, die Kinder brauchen mehr Männer in den Kindergärten und Schulen.

Helga Ortmann (53) ist seit acht Jahren Bankdirektorin. Sie findet ihren Beruf sehr interessant. Helga arbeitet viel am Schreibtisch und hat immer viele Termine. Der Kontakt zu den Kunden ist in einer Bank besonders wichtig. Von Montag bis Freitag arbeitet sie von acht bis 18 Uhr. Abends und am Samstag und Sonntag arbeitet sie oft zu Hause. In ihrer Bank arbeiten viele Männer. Aber das ist kein Problem für Helga.

Sabine	Marion	Monika	Stefanie	Ralf	Carsten	Helga	
☐	☐	☐	☐	☒	☒	☐	... arbeiten mit vielen Kolleginnen.
☐	☐	☐	☐	☐	☐	☐	... arbeiten auch am Wochenende.
☐	☐	☐	☐	☐	☐	☐	... interessieren sich für Technik.
☐	☐	☐	☐	☐	☐	☐	... sind beruflich oft im Ausland.
☐	☐	☐	☐	☐	☐	☐	... reparieren etwas.
☐	☐	☐	☐	☐	☐	☐	... sind Chefinnen.

32

2 Arbeitsorte

a) Wo ist das? Hören Sie und ordnen Sie zu.

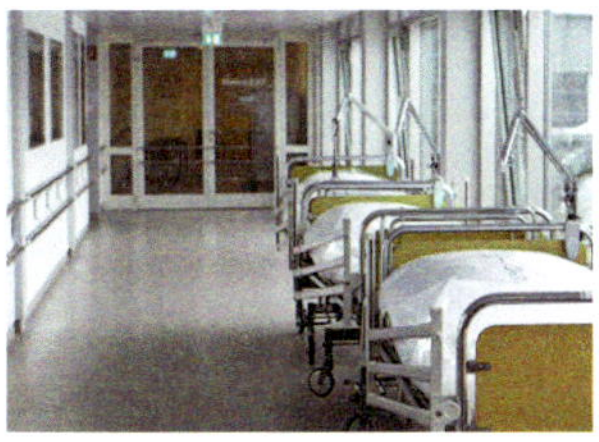

a ☐

c ☐

e ☐

b ☐

d ☐

f ☐

b) Hören Sie noch einmal und notieren Sie die Arbeitsorte.

1. In der Werkstatt.
2. ....
3. ....
4. ....
5. ....
6. ....

3 Berufe

a) Welches Verb passt? Verbinden Sie.

Aerobic-Kurse 1   a schneiden
Schuhe 2   b untersuchen
Deutsch 3   c verkaufen
Patienten 4   d unterrichten
Autos 5   e reparieren
Haare 6   f leiten

b) Wer macht was wo? Schreiben Sie mit den Nomen und Verben aus a) Sätze wie im Beispiel.

1. *Fitnesstrainer leiten Aerobic-Kurse in einem Fitness-Studio.*
2. *Schuhverkäufer*
3.
4.
5.
6.

4 Wortfeld Beruf

a) Welches Wort passt nicht? Streichen Sie durch.

1. Kfz-Mechatroniker: Schlüssel – ~~Maus~~ – Werkstatt – Motorrad
2. Kellner: Tisch – Rechnung – Restaurant – Papierkorb
3. Friseur: Ordner – Termin – Haare – Salon
4. Arzt: Medikamente – Pflanze – Patienten – Sprechzeiten
5. Pilot: Flughafen – Koffer – Technik – Drucker
6. Call-Center-Agentin: Computer – Bild – Telefon – Fremdsprachen

b) Welcher Arbeitsort passt zu den falschen Wörtern aus a)? Kreuzen Sie an.

1. ☐ Werkstatt   2. ☐ Restaurant   3. ☐ Büro

5 Hier ist meine Karte. Hören Sie die Dialoge und ergänzen Sie die Angaben.

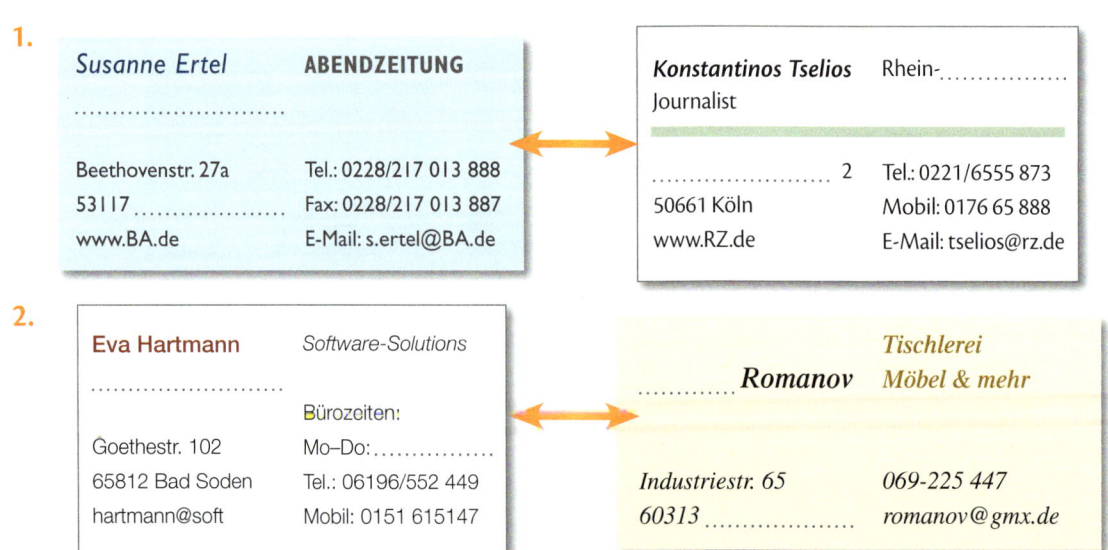

6 Traumberuf Florist

a) **Ergänzen Sie die Verben im Infinitiv.**

beraten – bringen – aufstehen – verkaufen – einkaufen – arbeiten

Florist als Beruf

Wir haben Erkan bei der Arbeit besucht und mit ihm über seinen Beruf gesprochen:

Erkan, was machen Sie beruflich?

Erkan: Alles, was ich gerne mache. Ich bin Florist und arbeite in einem Blumengeschäft. Als Florist kann ich mit Pflanzen und mit Menschen ....

Und was müssen Sie in dem Blumengeschäft machen?

Erkan: Ich muss zum Beispiel Blumen .... und Kunden .... Das finde ich gut.

Und wie ist Ihr Arbeitstag?

Erkan: Na ja, ich habe immer viel zu tun. Jeden Dienstag und Mittwoch muss ich sehr früh .... Dann muss ich auf dem Großmarkt neue Blumen und Pflanzen für das Geschäft .... Aber das macht auch Spaß.

Es gibt nicht viele Männer in Ihrem Beruf, oder?

Erkan: Das ist nicht ganz richtig. Auf dem Großmarkt arbeiten auch viele Männer. Aber in einem Blumengeschäft ...

Müssen Sie Ihren Kunden auch manchmal Blumen ins Haus ....?

Erkan: Ja, aber nicht so oft.

b) Hören Sie das Interview. Im Interviewtext in der Zeitschrift gibt es einen Fehler. Korrigieren Sie die Aussage.

34

Erkan ....

7 *Können* oder *müssen*? **Ergänzen Sie.**

♡ Hallo Ralf, hast du heute Abend Zeit?

Wir .... zusammen kochen.

♂ Nein, ich .... heute nicht

kochen. Ich .... heute Abend arbeiten.

♡ .... du immer so viel arbeiten?

♂ Ja. Du .... ja mit Anne ausgehen.

♡ Nein, Anne .... heute nicht ausgehen. Sie .... noch lernen.

♂ Aber vielleicht .....*könnt*..... ihr später zusammen ein Video sehen?

♡ Ich weiß nicht. Ich frage sie mal. Aber wir beide .... auch mal etwas zusammen machen. Für die Arbeit hast du immer Zeit, aber nicht für mich!

Grammatik		
ich	....	*muss*
du	....	....
er/es/sie	....	....
wir	....	....
ihr	*könnt*	....
sie/Sie	....	....

8 **Arbeitslos.** Ergänzen Sie.

> Arbeitslosigkeit – Arbeitsagentur – Arbeit – Arbeitsmarkt – arbeitslos

Die .... ist auch in Deutschland ein Problem. Wer .... ist

und .... sucht, geht zur .... Sie informiert über Berufe

und Ausbildungsplätze und hilft auch bei der Suche auf dem ....

9 **Gespräch mit dem Personalchef**

35

a) **Was kann Frau Lim tun? Hören Sie das Gespräch und ergänzen Sie.**

Frau Lim kann _____Chinesisch_____, _____ und _____ sprechen,

_____ machen, _____ beraten, auch am _____ arbeiten,

einen _____ besuchen und am ersten _____ anfangen.

b) **Was muss Frau Lim im Call-Center machen? Hören Sie noch einmal und schreiben Sie Sätze.**

1. _Sie muss viel_ ....

2. ....

3. ....

10 **Gespräche im Büro**

a) **Wie ist der Artikel von den Nomen? Notieren Sie neben den Sätzen.**

b) **Ergänzen Sie die Possesivartikel im Nominativ.**

der/das/die

1. 💬 Haben wir ein Problem? 👍 Ja, _unser_ **Drucker** ist kaputt. _der_

2. 💬 Wo finde ich Herrn Ahrend? 👍 .... **Büro** ist in der vierten Etage links. ....

3. 💬 Hatte Frau Tauber heute einen Kundentermin? 👍 Nein, ... **Termin** ist morgen. ....

4. 💬 Wo ist .... **Tasche**? Sie war hier und jetzt kann ich sie nicht finden. 👍 Keine Ahnung. ....

5. 💬 Ist noch keiner da? 👍 Nein, ihr fangt heute später an. **Meeting** beginnt um 16 Uhr. ....

6. 💬 Hast du die Telefonnummer von Frau Jahn? 👍 Ja, ... **Nummer** ist 0221 2789546. ....

11 **Possessivartikel oder *ein-?* Ergänzen Sie den Artikel und die Akkusativformen.**

der/das/die

1. Wo gibt es hier in der Nähe _____ gute **Werkstatt**? ....
2. Frau Wels mag _____ **Chef** nicht. ....
3. Wir haben _____ **Friseursalon** schon seit fünf Jahren. ....
4. Meine Freundin hat _____ altes **Auto**. ....
5. Morgen bringt Michael _____*seinen*_____ **Computer** zur Reparatur. ....
6. Herr Ortmann, brauchen Sie zum Lesen _____ **Brille**? ....
7. Frank, wie findest du _____ **Beruf**? ....
8. Ich liebe _____ **Arbeit**! ....

12 **Nominativ oder Akkusativ? Schreiben Sie Sätze. Achten Sie auf Nominativ und Akkusativ.**

1. finde – interessant – ich – **mein Beruf** – .

   Ich finde meinen Beruf interessant.

2. Sabine – **ihre Chefin** – mag – nicht – .

   ....

3. bringt – Herr Lehmann – in die Werkstatt – **sein Auto** – .

   ....

4. kennst – **deine Kundinnen** – du – wie lange – ?

   ....

5. bei der Arbeitsagentur – am Montag – **Ihr Termin** – haben – Sie – .

   ....

6. unterrichtet – unsere Direktorin – **ein Biologiekurs** – .

   ....

13 **Das Verb *arbeiten.* Ergänzen Sie.**

1. Ich bin Ingenieur und _____ bei Siemens.
2. Susanne, _____ du noch als Friseurin?
3. Mein Mann ist Arzt. Er _____ auch am Wochenende.
4. Das ist doch Laura. _____ sie jetzt auch hier im Supermarkt?
5. Wir _____ seit einem Jahr in Dortmund.
6. *Arbeitet* ihr gerne mit Kindern?
7. Meine Eltern haben eine Werkstatt. Sie _____ viel.
8. Frau Meyering, _____ Sie oft abends?

7 Leben in Deutschland

1 Berufe

a) Wer macht was? Ergänzen Sie die Berufe für Männer und Frauen.

1. Senioren pflegen	*der Altenpfleger*	*die Altenpflegerin*
2. im Kindergarten arbeiten	*der Erzieher*	*die Erzieherin*
3. Büroarbeit machen		
4. mit Blumen arbeiten		
5. Autos reparieren		
6. in einem Geschäft arbeiten		
7. Haare schneiden		
8. Deutschkurse geben		
9. im Krankenhaus arbeiten		
10. kochen		

b) Welchen Beruf haben diese Personen? Hören Sie und ergänzen Sie.

36

1. Uwe Starke (28)

3. Mandy Schiffner (31)

5. Iordánis Basdekis (36)

2. Afife Çubukçu (43)

4. Klaus Hoffmann (52)

6. Maya Gueye (22)

c) Hören Sie noch einmal und verbinden Sie.

36

Herr Starke	1	a	muss Kunden auch beraten.
Frau Çubukçu	2	b	muss oft am Wochenende arbeiten.
Frau Schiffner	3	c	arbeitet gern mit Menschen.
Herr Hoffmann	4	d	findet nicht alle Kunden freundlich.
Herr Basdekis	5	e	hat über 30 Jahre Berufserfahrung.
Frau Gueye	6	f	möchte gern einen anderen Beruf lernen.

2 **Mein Beruf.** Und Sie? Ergänzen Sie Ihre persönlichen Angaben.

Sie haben schon einen Beruf: Ich bin seit .... Jahr(en) .... von Beruf.

Meine Arbeit macht mir .... Spaß. Ich arbeite .... am Wochenende.

In meinem Beruf muss ich ....

Sie haben noch keinen Beruf: Ich möchte .... werden. Die Arbeit finde ich

.... Ich arbeite gerne mit .... In dem Beruf muss

ich .... am Wochenende arbeiten.

3 **Stellenanzeigen**

a) Lesen Sie die Stellenanzeigen und ordnen Sie die Berufe zu.

Taxifahrer – Pflegehelfer – Programmierer/in – Koch/Köchin

Stellenmarkt

Stellenangebote Main-Taunus-Kreis

AWO Kreisverband Main-Taunus

Wir suchen ab sofort motivierte

▶ _____ (m/w)

Arbeitszeit: 40 Stunden pro Woche – auch Wochenend- und Nachtarbeit

Wir erwarten
• Teamfähigkeit und Flexibilität
• Führerschein Klasse B

Wir bieten
• einen interessanten Arbeitsplatz

Schriftliche Bewerbungen bitte an:
Arbeiterwohlfahrt Kreisverband Main-Taunus e.V.
Sabine Köstler, Schulstraße 13, 65759 Hattersheim
awo.main-taunus@gmx.de
1

Gesucht:
▶ _____ (m/w)
für Nacht- und Wochenendfahrten.
Reisedienst Schweiger　Linkenstr. 12
65719 Hofheim am Taunus
Tel.: 06192/ 155 355
2

Pizzeria Romana – Main-Taunus-Zentrum – Sulzbach/Taunus
▶ _____
*für unsere **Pizzeria im Main-Taunus-Zentrum** ab sofort gesucht. Arbeitszeit: 5-Tage-Woche, 10–18 Uhr*
Interessenten melden sich bitte ab Samstag, den 19.10. unter ☎ 069 / 317 435 91 bei unserem Restaurantmanager.
3

ABC-Software sucht
eine/n ▶ _____
Sie entwickeln Computerprogramme und beraten Kunden. Vollzeit, flexible Arbeitszeiten.
Bewerbungen per E-Mail an: j.kindler@abc-software.de
4

b) Lesen Sie die Stellenanzeigen noch einmal und ergänzen Sie die Tabelle.

	Anzeige 1	Anzeige 2	Anzeige 3	Anzeige 4
Beruf	Pflegehelfer/in			
Firma	AWO			
Adresse				
Telefon/E-Mail				
Arbeitszeit				

1 **Mit dem Fahrrad durch Münster.** Lesen Sie den Text. Richtig oder falsch? Kreuzen Sie an und ergänzen Sie die Zeilen bei den richtigen Aussagen.

das Schloss

die Altstadt

die Promenade

die Radstation

der Prinzipalmarkt

1   Die Stadt Münster liegt in Nordrhein-Westfalen in der Nähe der niederländischen Grenze und ist seit vielen Jahren die Fahrradhauptstadt von Deutschland. Die „Leeze" ist *das* Verkehrsmittel in Münster. „Leeze", so nennen die Münsteraner liebevoll ihr Fahrrad. Jeden Tag sind mehr als 100.000 Menschen mit dem Rad unterwegs. Es gibt 500.000 Fahrräder –
5   das sind doppelt so viele Fahrräder wie Einwohner! Die Radstation vor dem Bahnhof ist mit 3.300 Parkplätzen für Fahrräder die größte in Deutschland. Hier kann man sein Rad parken, es in die Reparaturwerkstatt bringen und auch ein Fahrrad mieten.

Diese Menschen haben wir in der Radstation getroffen:

Herr Detering ist Redakteur bei einem Kinderbuchverlag in Münster. Er wohnt mit seiner
10   Familie in Recklinghausen und fährt jeden Tag mit der Regionalbahn in die Stadt. Für die 55 Kilometer braucht er so nur eine halbe Stunde. Er sagt: „Mein Fahrrad wartet schon in der Radstation auf mich. Von hier fahre ich mit dem Fahrrad zur Arbeit. Ich fahre immer über die Promenade. Der Weg ist nicht weit und es gibt keine Autos!" Die Promenade ist viereinhalb Kilometer lang und der einzige „Fahrrad-Straßenring" in Europa. Autos dürfen
15   hier nicht fahren. Abends fährt Herr Detering wieder mit dem Fahrrad zum Bahnhof und mit der Bahn nach Hause. Er findet das gut. Er muss nicht mit dem Auto im Stau stehen und macht auch noch etwas Sport.

Susanne und Farah kommen mit der Bahn aus Osnabrück. Die Stadt liegt 60 Kilometer nordöstlich von Münster. Beide sind Krankenschwestern von Beruf und haben heute ihren
20   freien Tag. Sie wollen zuerst im Schlossgarten lange frühstücken und dann einen Stadt-bummel machen. Am späten Nachmittag besuchen sie noch eine Freundin. „Wir wollen hier Fahrräder mieten. Ohne Auto ist es viel einfacher. Die Parkplätze sind hier sehr teuer, und man muss manchmal lange suchen, bis man einen freien Platz findet", sagt Farah.

Olaf ist Student und arbeitet manchmal in der Radstation. Er sagt: „Hier gibt es Straßen und
25 auch Ampeln nur für Fahrräder! Weniger Autos und weniger Verkehr heißt auch weniger
Stress. Das ist gut für alle. Sie können bei uns ein Fahrrad mieten und dann die Stadt mit
der Leeze besichtigen. In Münster gibt es viel zu sehen, zum Beispiel die Promenade, die
historische Altstadt, den Prinzipalmarkt und das Schloss. Bei der Touristeninformation
hier im Haus kann man Tipps und Pläne mit verschiedenen Routen für eine Stadtrund-
30 fahrt mit der Leeze bekommen. Es kommen Besucher aus der ganzen Welt. Viele finden
das Konzept toll!"

		richtig	falsch	Zeile
1.	In der Radstation kann man ein Fahrrad mieten.	X	☐	7
2.	Alle Münsteraner fahren jeden Tag mit dem Fahrrad.	☐	☐	....
3.	Nach der Statistik hat jeder Münsteraner zwei Fahrräder.	☐	☐	....
4.	Herr Detering fährt mit der Bahn nach Hause.	☐	☐	....
5.	Autos dürfen in Münster nicht fahren.	☐	☐	....
6.	Susanne und Farah haben lange einen Parkplatz gesucht.	☐	☐	....
7.	Osnabrück liegt im Nordosten von Münster.	☐	☐	....
8.	Olaf ist Mechaniker von Beruf.	☐	☐	....
9.	Touristen aus vielen Ländern besuchen Münster.	☐	☐	....
10.	In der Radstation gibt es auch eine Touristeninformation.	☐	☐	....

2   Wortfeld Stadt und Verkehr. Welches Wort passt nicht? Streichen Sie durch.

1. Tourist: Kamera – Postkarte – ~~Kreuzung~~ – Stadtrundfahrt
2. Touristeninformation: Wegbeschreibung – Stadtplan – Speisekarte – Busplan
3. Hotel: Frühstück – Zimmer – Kirche – Übernachtung
4. Verkehrsmittel: Fahrrad – Bus – Straßenbahn – Fußgängerzone
5. Stadtrundfahrt: Abfahrt – U-Bahn – Sehenswürdigkeiten – Bus
6. Stadtplan: Straße – Ampel – Marktplatz – Kreuzung
7. Taxi: Fahrer – Fahrrad – Fahrt – Stadtautobahn

3   Was passt zusammen? Oft sind mehrere Antworten möglich.

1. Postkarten	*schreiben, kaufen,*	planen – machen – suchen – besichtigen – schreiben – kaufen – haben – nehmen – fahren – besuchen
2. Tradition	....	
3. ein Taxi	....	
4. eine Stadtrundfahrt	....	
5. Fotos	....	
6. einen Stadtplan	....	
7. die Nationalgalerie	....	
8. einen Stadtbummel	....	
9. ein Exkursionsprogramm	....	
10. einen Spaziergang	....	

4 **Wo ist der Stadtplan?** Schreiben Sie Sätze.

1. *Er ist in der Tasche.*

2. ....

4. ....

6. ....

3. ....

5. ....

7. ....

5 **Wohin gehst du?** Kreuzen Sie an und schreiben Sie die Sätze ins Heft.

1.
a ☐ Zum Bahnhof.
b ☐ Zum Marktplatz.
c ☐ Durch den Park.

3.
a ☐ Zum Park.
b ☐ Zum Stadttor.
c ☐ Ins Kongresszentrum.

5.
a ☐ Zur Universität.
b ☐ Durch den Zoo.
c ☐ In die Einkaufspassage.

1. Ich gehe

2.
a ☐ Zur Galerie.
b ☐ Durch die Fußgängerzone.
c ☐ Ins Museum.

4.
a ☐ Über die Schlossbrücke.
b ☐ Durch das Stadttor.
c ☐ In den Park.

6 *Wo, woher* oder *wohin*? **Kreuzen Sie an.**

1. ☐ Wo ☐ Woher ☒ Wohin fährt Markus heute? – Nach Frankfurt.
2. ☐ Wo ☐ Woher ☐ Wohin geht ihr heute Abend? – Ins Kino.
3. ☐ Wo ☐ Woher ☐ Wohin kommt dieser Zug? – Aus Hamburg.
4. ☐ Wo ☐ Woher ☐ Wohin treffen wir Monika? – Im Café Einstein.
5. ☐ Wo ☐ Woher ☐ Wohin kommt das Regal? – Ins Wohnzimmer.
6. ☐ Wo ☐ Woher ☐ Wohin sind die Toiletten? – Gleich hier vorne rechts.
7. ☐ Wo ☐ Woher ☐ Wohin kaufen Sie am Samstag ein? – Auf dem Markt.
8. ☐ Wo ☐ Woher ☐ Wohin kommt Olga? – Aus Russland.
9. ☐ Wo ☐ Woher ☐ Wohin kann ich Sie heute Nachmittag finden? –
   Ab drei bin ich im Büro.

7 Das Modalverb *wollen*. **Ergänzen Sie die Tabelle und die Sätze.**

1. Die Kinder .... *wollen* .... keine Hausaufgaben machen.

2. Petra .... jeden Tag einen Spaziergang machen.

3. Jonas und Sandra, warum .... ihr nicht zur Party gehen?

4. Mark, wie lange .... du noch am Computer spielen?

5. Morgen .... ich wirklich keinen Besuch. Ich habe viel Arbeit.

6. Wir .... nicht nach London fahren. Es ist zu kalt dort.

Grammatik		
ich	....
du	....
er/es/sie	*will* ....
wir	....
ihr	....
sie/Sie	....

8 *Wollen, müssen* oder *können*? **Ergänzen Sie das passende Modalverb.**

Muss ich morgen mitkommen?

Nein, du musst nicht. Aber du kannst gerne mitkommen. Was willst du?

1. Morgen ist der Test! Ich .... noch die Vokabeln lernen.

2. .... ihr mich bitte heute Abend abholen? Mein Auto ist kaputt.

3. Erika .... das Konzert von Anne-Sophie Mutter sehen, aber ein Ticket kostet 90 Euro. Das ist leider zu teuer für sie.

4. Ich verstehe das nicht. .... Sie das noch einmal erklären?

5. Nächstes Jahr .... meine Schwester in Deutschland studieren.

   Aber sie .... noch viel Deutsch lernen.

6. Ich gehe nicht gern allein einkaufen. .... du in den Supermarkt mitkommen?

7. Meine Lehrerin sagt, ich .... die Hausaufgabe nicht bis Montag fertig machen.

   Ich .... sie am Mittwoch auch noch ins Sekretariat bringen.

9 **Orientierung**

a) Ergänzen Sie die Dialoge. Dann ergänzen Sie die Namen in der Karte.

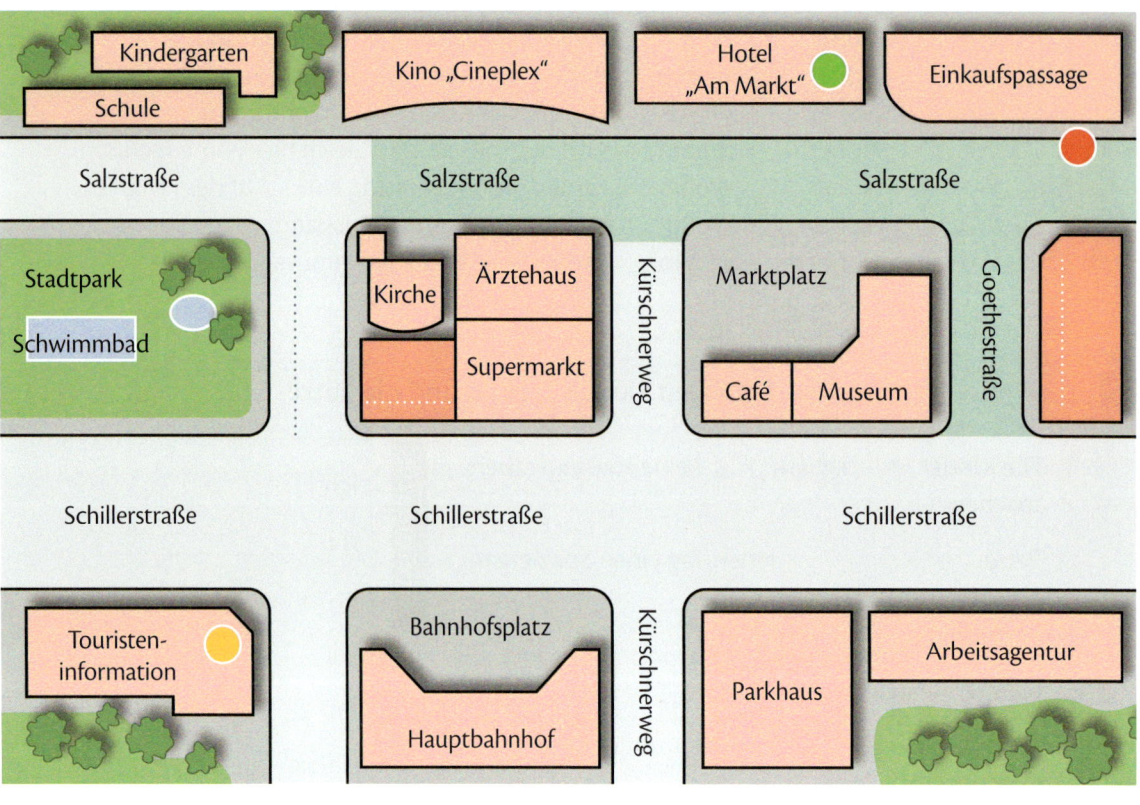

Dialog 1: Vor der Einkaufspassage 🔴

💬 Hallo, kann ich dir helfen?
🗣 Ich kann das Schwimmbad nicht finden.

💬 Das Schwimmbad ist im .... Du gehst hier

.... und die .... Straße links.

Das ist die Parkstraße. Der Stadtpark ist ....
🗣 Danke. Das finde ich jetzt schon. Tschüss!
💬 Tschüss.

dritte – geradeaus – Stadtpark – rechts

Dialog 2: Im Hotel „Am Markt" 🟢

💬 Die Rechnung, bitte. Ich möchte mit Kreditkarte zahlen.
🗣 Tut mir leid, der Apparat funktioniert heute nicht.

💬 Und was mache ich jetzt? Gibt es hier eine ....?
🗣 Ja. In der Parkstraße.

🗣 Und wie komme ich .... die Parkstraße?

💬 Gehen Sie .... Marktplatz ....

zum Café. Da gehen Sie an der Ampel über den .... und

dann .... in die Schillerstraße. Die Parkstraße ist die ....
Straße rechts. Die Bank finden Sie dann schon.
🗣 Kein Problem. Vielen Dank!

Kürschnerweg – Bank – in – über den – rechts – erste – bis

Dialog 3: In der Touristeninformation ●

💬 Guten Tag!

👄 Guten Tag, kann ich Ihnen helfen?

💬 Ja, wir suchen das Theater.

👄 Das Theater? Das ist in der Goethestraße.

💬 Ist das weit?

👄 Nein. Gehen Sie hier .... die Schillerstraße entlang, ...

Bahnhofsplatz .... und .... den Kürschnerweg, dann

am .... vorbei bis zur Arbeitsagentur. Gegenüber ist die Goethestraße.

Gehen Sie über die Schillerstraße .... die Goethestraße. Das Theater

ist ....

💬 Haben Sie vielleicht auch einen Stadtplan für uns?

👄 Natürlich. Hier, bitte. Auf Wiedersehen.

💬 Vielen Dank! Auf Wiedersehen.

rechts – in – rechts – am – vorbei – Parkhaus – über

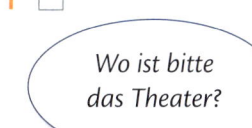

b) **Finden Sie den Weg? Hören Sie die Antworten und ordnen Sie die passende Frage links zu.**

37

1 ☐

Wo ist bitte das Theater?

2 ☐

Entschuldigung, gibt es hier eine Touristeninformation?

3 ☐

Mein Freund hat Zahnschmerzen. Können Sie uns sagen, wo wir einen Zahnarzt finden?

a Sie sind hier: ●

Mmh ...

b Sie sind hier: ●

Ich glaube, ...

c Sie sind hier: ●

Moment, ...

c) **Schreiben Sie den Dialog in Ihr Heft.**

💬 Entschuldigung – Kino?

👄 Kino? – in der Salzstraße

Zuerst – Schillerstraße entlang

Dann links – Kürschnerweg entlang

Danach links – das Kino rechts

8 Leben in Deutschland

1 **Projekt: wichtige Adressen in meiner Stadt**

a) Kennen Sie Ihre Stadt? Diese Adressen sind wichtig. Suchen Sie sie im Telefonbuch oder im Internet. Notieren Sie die Straße und die Telefonnummer.

b) Arbeiten Sie zu zweit. Sie brauchen einen Stadtplan. Wählen Sie zwei Ziele aus Aufgabe a) und beschreiben Sie den Weg von Ihrer Wohnung.

die Zahnarztpraxis

die Volkshochschule

die Post

das Bürgerbüro

die Stadtwerke

die Bibliothek

die Polizei

BERLIN

die Agentur für Arbeit

die Feuerwehr

Polizei | Rudolstädter Straße 81
Notruf: 110

> Von meiner Wohnung zur Bibliothek ist es nicht weit. Zuerst gehe ich …

Redemittel		
	Von meiner Wohnung zur / zum / zu den …	ist es nicht weit / weit.
	Zuerst	gehe ich rechts/links. muss ich bis zur Kreuzung / zur Ampel gehen. geradeaus die …straße entlang.
	Dann	die erste/zweite/… Straße links/rechts.
	Danach	links, an der/dem … vorbei.

2 Die 112 – der Notruf

a) Lesen Sie die Hinweise für einen Notruf und ergänzen Sie den Dialog.

> dringend – Notarzt – Autounfall – verletzt – warte – Notrufzentrale

👄 ....

💬 Mein Name ist Natalia Smirnow.

Wir brauchen einen Rettungswagen.

👄 Wo sind Sie?

💬 Ich bin in der Kaiserstraße 28, vor der Post.

Es gibt einen ....

👄 Wie viele Personen sind .... ?

💬 Ich glaube, zwei Personen. Bitte kommen Sie

schnell. Es ist ....

👄 Ich schicke sofort einen ....

💬 Ja, gut. Ich .... hier.

Wichtige Regeln für einen NOTRUF

Jede/r muss helfen
und einen Notruf machen.
Sprechen Sie langsam und deutlich.
Sprechen Sie nach dem folgenden
Schema:

1. **WER** ruft an?
2. **WO** ist der Notfall?
3. **WAS** ist passiert?
4. **WIE VIELE** Personen sind verletzt?
5. **WIE** ist die Situation?
6. **WARTEN** Sie auf Rückfragen!

b) Spielen Sie einen Notruf-Dialog.

Situation 1

Feuer im Haus – Adresse:
Bergstraße 15 –
im 2. Stock – man sieht
keine Personen

Situation 2

Schmerzen in der Brust –
kann nicht sprechen
alter Mann – Bahnhof-
straße, vor der Post

Situation 3

Fahrradunfall – eine Frau
verletzt – Schmerzen am
Bein – Schillstraße/Ecke
Bleistraße

9 Ab in den Urlaub

1 **Städtereisen.** Wo waren die Personen? Lesen Sie die Anzeigen und die Postkarten. Ergänzen Sie die Städte.

Wien-Wochenende

zum Supersparpreis von nur 149 Euro!

Erleben Sie ein Wochenende
in einer der schönsten Städte Europas!

- drei Übernachtungen mit Frühstück
- 4-Sterne-Hotel in zentraler Lage (ca. 200 Meter zum Heldenplatz)
- Wien-Karte (freie Fahrt für 72 Stunden mit Tram, U-Bahn und Bus)
- Stadtrundfahrt mit Eintritt ins Schloss Schönbrunn
- 1 Jause im Café Ritter (1 Melange oder Tasse Tee, 1 Stück Sachertorte mit Schlag)

Entdecken Sie die kleinste Metropole Europas.

Grüezi Zürich!

- drei Übernachtungen/Frühstücks-buffet/Doppelzimmer ab 99 Euro*
- drei Übernachtungen/Frühstücksbuffet/ Einzelzimmer ab 139 Euro*
- ruhiges Hotel in der Altstadt
- Stadtrundfahrt mit dem Classic Trolley Bus
- ZürichCARD für 72 Stunden (freier Eintritt in 43 Museen und freie Fahrt mit Tram, Bahn, Bus und Schiff)

* alle Preise pro Person

München für Fußballfans!

Fußball in Deutschlands Fußball-Metropole live erleben! Schon ab 111 Euro pro Person im Doppelzimmer

- zwei Übernachtungen mit Frühstück
- München CityTourCard (3-Tages-Ticket für die Innenstadt)
- „Fußballtour" (nur freitags) mit dem FC Bayern-Bus
- Besuch im Olympiastadion und in der Allianz-Arena
- ein Fußballspiel live erleben

Romantisches Hamburg – Welthafen à la carte!

- zwei Übernachtungen mit Frühstück (Montag–Freitag)
- ruhiges 4-Sterne-Hotel in zentraler Lage (ca. 100 Meter zum Einkaufszentrum)
- Doppelzimmer mit Bad, TV, Telefon und Safe
- ein romantisches Abendessen für zwei Personen in unserem Restaurant
- Besuch auf dem Fischmarkt

ab 250 Euro

Lieber Wolfgang,

herzliche Grüße aus .... Hier ist es sehr interessant und das Wetter ist auch ganz gut. Leider ist das Hotel nicht besonders ruhig und auch nicht sehr billig. Ich muss für mein Zimmer ziemlich viel bezahlen! Das Frühstücksbuffet ist aber wirklich super. Mit meiner Karte ist der Eintritt in alle Museen frei. So viele Museen kann ich in der kurzen Zeit gar nicht besichtigen. Das nächste Mal musst du mitkommen!
Deine Sabine

1

Hi Michael!

Herzliche Grüße aus .... Habe ich es nicht gesagt? Wir haben gewonnen! Es war super! Wir haben auch die Allianz-Arena besucht. Aber mit dem Bus vom FC Bayern sind wir nicht gefahren. Für die Stadtrundfahrt hatten wir vor dem Spiel am Freitag auch keine Zeit. Am Samstag haben wir noch die Stadt besichtigt und am Abend haben wir im Englischen Garten ein paar Bier getrunken. Morgen besichtigen wir das Olympiastadion und dann geht es gleich zum Bahnhof. Wir müssen alle am Montag wieder arbeiten ...

Gruß Carlo

2

Hallo Wan Rong,

der Kurzurlaub hier in .... war sehr schön und ich habe viel gesehen. In dieser Stadt ist alles so elegant. Zum Beispiel heißt der Milchkaffee hier nicht einfach Milchkaffee. Die Leute sagen ‚Melange'! Gestern hat es den ganzen Tag geregnet und wir haben eine Stadtrundfahrt gemacht. Wir haben auch das Schloss Schönbrunn besichtigt. Ich war in Sissis Appartement! Bald besuche ich dich in Berlin. Dann zeige ich dir die Fotos und erzähle dir alles.

Liebe Grüße
Michaela   3

Liebe Claudia!

Ich schicke dir ganz herzliche Grüße aus .... Hier im Norden ist es sehr schön. Es regnet manchmal und es ist auch etwas kalt, aber das macht nichts. Gestern haben wir einen Einkaufsbummel gemacht und heute Morgen waren wir schon auf dem Fischmarkt. Wir sind schon um fünf Uhr aufgestanden! Es war wirklich super. Gleich machen wir noch eine Hafenrundfahrt. Diese kurze Reise war eine tolle Idee!

Bis bald! Ariana und Tom   4

2 **Wortfeld Urlaub. Ergänzen Sie.**

senkrecht ↓

1 In den Alpen gibt es viele .... Einige sind sehr hoch!

2 Sich etwas ansehen, zum Beispiel ein altes Schloss:

   eine .... machen.

4 Wir waren in den Sommer *f* .... in Österreich. Das war ein toller Urlaub!

5 Das .... war nicht so gut. Das Zimmer war klein und das Frühstück schlecht.

8 Wir haben in Italien viele Bilder gemacht.

   Wollt ihr unsere .... mal sehen?

9 Anderes Wort für Fahrradurlaub:

   eine .... machen.

waagerecht →

3 Die Nationalgalerie in Berlin ist ein .... *Museum* ....

6 Das .... war super! Immer Sonne und über 25 Grad.

7 Italien ist ein Top *r* .... für deutsche Autourlauber.

10 Wir machen eine Stadtrundfahrt mit dem ....

11 Sonne, Sand und Meer! Wir waren jeden Tag am ....

Crossword:
3 waagerecht: M U S E U M
4: F

3 Kurzurlaub

a) Trennbar (+) oder untrennbar (–)? Notieren Sie und ergänzen Sie die Formen im Präsens und Perfekt. Arbeiten Sie mit der Wörterliste im Deutschbuch.

Infinitiv	+/–	Präsens	Perfekt
abholen	☐		
anfangen	+	*er fängt ... an*	*er hat angefangen*
ankommen	☐		
anrufen	☐		
besichtigen	☐		
bestellen	☐		
besuchen	–	*er besucht*	*er hat besucht*
einkaufen	☐		
einpacken	☐		
(sich) entscheiden	☐		
frühstücken	☐		
stattfinden	☐		
übernachten	☐		

b) Ergänzen Sie den Text mit den Verben aus a).

Die Osterferien haben noch nicht

....*angefangen*......... Das ist gut für Peter.

Er möchte einen Kurzurlaub machen und

hat nicht viel Geld. In dieser Jahreszeit sind die

Flüge und Hotels nicht so teuer. Am letzten

Wochenende hat in Frankfurt eine

Urlaubsmesse ....

Peter hat die Messe ....*besucht*............ und hat sich für einen Urlaub in Griechenland

.... Am Montag hat er dann nach der Arbeit noch schnell einen Reiseführer

und ein paar Sachen für den Strand .... Dienstag war sein erster Urlaubstag.

Am Morgen hat er zuerst gemütlich .... Nach dem Frühstück hat er

alles .... Der Koffer war ziemlich voll. Dann hat er in der Taxizentrale

.... und für halb zwölf Uhr ein Taxi zum Flughafen ....

Der Fahrer hat ihn pünktlich .... In Athen ist er gut ....

Der Flug war schön, aber am Flughafen war sein Koffer nicht da ... Peter hat dann in einem Hotel

am Flughafen .... und am nächsten Tag die Akropolis ....

4 Vor dem Urlaub

a) Wer hat vor dem Urlaub was gemacht? Ergänzen Sie.

- die Stadtpläne von Rom und Neapel kaufen (Mo)
- Urlaub nehmen (Mi)
- ein Buch über das alte Rom lesen (Mi)
- den Hund zu Mario bringen (Do)

Isabel

- das Hotelzimmer in Rom reservieren (Mo)
- das Auto kontrollieren (Mi)
- die Fahrt nach Neapel planen (Mi)
- die Koffer packen (Do)

Michael

Isabel hat am Montag ....

Am Mittwoch hat sie ihren ....

und ....

Am Donnerstag hat sie ....

Michael hat am Montag ....

Er hat am Mittwoch ....

und ....

Am Donnerstag hat er ....

b) Hören Sie den Dialog. Was hat Michael nicht gemacht? Schreiben Sie.

38

....

5 Die Verben *haben* und *sein*.
Ergänzen Sie die Verben im Präsens.

💬 Der Urlaub war toll! Wir ....*haben*.... viele Fotos. Möchtest du sie sehen?

👍 Klar!

💬 Hier ....*sind*.... wir am Strand.

Grammatik		haben	sein
	ich	....	....
	du	....	....
	er/es/sie	....	....
	wir	*haben*	*sind*
	ihr	....	....
	sie/Sie	....	....

👍 Schönes Foto!

.... das da Isabel?

💬 Ja, Isabel .... auf fast allen Fotos.

👍 Wer hat die Fotos denn gemacht?

💬 Tom. Er .... eine neue Kamera.

👍 Ach so. Und woher kommen die Kinder?

💬 Das .... die beiden Kinder von Toms Freundin.

👍 Aha. Ich kenne sie nicht. .... ihr noch mehr Fotos?

💬 Nein, das .... alle.

👍 Du, ich gehe heute Abend zu Peters Party. .... ihr auch da?

💬 Nein, Isabel .... müde und ich .... keine Zeit.

6 **Partizip II mit *haben* oder *sein*?**
**Kreuzen Sie an und ergänzen Sie dann
haben oder *sein* in der richtigen Form.**

> Perfekt mit sein:
> fahren, laufen, fliegen, bleiben, fallen,
> passieren, sein, gehen, kommen

	haben	sein		
1. Ich	☒	☐	*habe*	gestern eine CD gekauft.
2. Wohin	☐	☐	....	du in Urlaub gefahren?
3. Wer	☐	☐	....	schon einmal in der Schweiz gewesen?
4. Heute morgen	☐	☐	....	an der Kreuzung ein Unfall passiert.
5. Meine Familie	☐	☐	....	am Wochenende einen Ausflug gemacht.
6. Klaus und Farah	☐	☐	....	vor einer Stunde ins Kino gegangen.
7. Wie lange	☐	☐	....	ihr in Berlin geblieben?
8. Björn	☐	☐	....	vom Rad gefallen.
9. Um wie viel Uhr	☐	☐	....	Sie gestern Abend nach London geflogen?
10. Anne	☐	☐	....	den ganzen Abend mit ihrem Freund telefoniert.

7 **Sätze mit Zeitangabe.** **Notieren Sie die Sätze im Perfekt wie im Beispiel.**
Achten Sie auch auf *haben* und *sein*.

1. Özgür reist in die Türkei. (letztes Jahr im Mai)

   Özgür ist letztes Jahr im Mai in die Türkei gereist.

2. Gudrun geht spazieren. (am Sonntag)

   ....

3. Die Waschmaschine funktioniert nicht. (am Wochenende)

   ....

4. Hannes bekommt eine Postkarte von Lisa aus Wien. (letzte Woche)

   ....

5. Nimmst du alle Urlaubstage? (letztes Jahr)

   ....

6. Axel kommt in Hamburg an. (gestern)

   ....

7. Volker frühstückt. (um halb zehn)

   ....

8. Ich bleibe den ganzen Tag im Bett. (gestern)

   ....

8 Lea erzählt

a) Wer hat was gemacht? Hören Sie und verbinden Sie.

39

Alfiya	1	a	hat die ganze Zeit geschlafen.
Cem	2	b	hat mit einer Freundin telefoniert.
Ana	3	c	hat Hausaufgaben gemacht.
Lea	4	d	hat eine Einkaufsliste geschrieben.
Tom	5	e	hat aus dem Fenster gesehen.
Olga und Li	6	f	ist zur Toilette gegangen.
Kit	7	g	haben Karten gespielt.
Janina	8	h	hat Musik gehört.

b) Wer ist wer? Ergänzen Sie die Namen in a).

9 Hannes hatte einen Unfall. Ergänzen Sie die Präpositionen.

an – in – in – im – nach – ~~mit~~ – um – vom – zur

Gestern war es schön warm und Hannes ist nach der Arbeit

.......*mit*....... dem Fahrrad .... den Park gefahren.

Er hat .... Park seine Freunde getroffen und sie haben

Fußball gespielt. Da war noch alles okay. .... neun Uhr

war es dunkel. Er wollte direkt .... Hause fahren,

aber die Lampe .... seinem Fahrrad war kaputt.

Ein Radfahrer hat Hannes nicht gesehen und ist ....

das Rad von Hannes gefahren und dann .... Rad

gefallen. Dem Radfahrer ist nichts passiert, aber sein Rad war

kaputt. Sie sind .... Polizei gegangen.

1 Mit dem Zug fahren

a) Was ist was? Ordnen Sie zu.

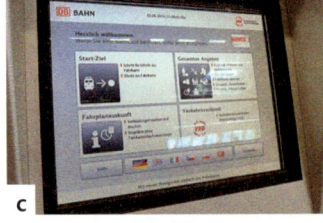
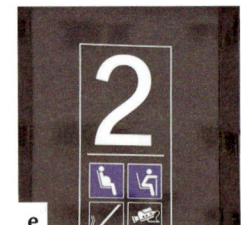

1. ☐ der Fahrkartenautomat
2. ☐ die Fahrkarte / das Handy-Ticket
3. ☐ die BahnCard
4. ☐ die 2. Klasse
5. ☐ der Fahrkartenschalter
6. ☐ das Gleis / der Bahnsteig

b) Am Schalter im Bahnhof. Hören Sie und lesen Sie. Beantworten Sie die Fragen.

40

💬 Guten Tag.
🗨 Guten Tag. Ich hätte gern eine Fahrkarte von München nach Dresden.
💬 Wann möchten Sie fahren?
🗨 Morgen Vormittag.
💬 Es gibt einen Zug um 10.09 Uhr. Sie sind dann um 16.01 Uhr in Dresden.
🗨 Abfahrt in München um 10.09 Uhr. Ja, das ist gut.
💬 Hin und zurück?
🗨 Nein, einfach, bitte.
💬 Haben Sie eine BahnCard?
🗨 Ja, 2. Klasse, BahnCard50. Fährt der Zug direkt oder muss ich umsteigen?
🗨 Ja, Sie müssen in Nürnberg umsteigen.
💬 Wie viel kostet die Fahrkarte?
🗨 55,50 €. Zahlen Sie bar oder mit Kreditkarte?
💬 Mit Kreditkarte.

1. Wohin fährt der Mann?
2. Wann fährt der Zug ab?
3. Wie viel kostet die Fahrkarte?
4. Wie bezahlt der Mann?

2 **Ein Fahrplan**

a) **Was ist was? Ordnen Sie zu.**

die S-Bahn – der Intercity-Express (ICE) – der Regionalzug

1. .... 2. .... 3. ....

b) **Lesen Sie den Fahrplan und beantworten Sie die Fragen**

Abfahrt Nürnberg Hbf.				
Zeit		**Zug**	**Richtung / Unterwegshaltestellen**	**Gleis**
11:48	NV	RE 3413	**Bayreuth Hbf** Nürnberg Hbf 11:48 - Hersbruck(Pegnitz) 12:03 - Neuhaus(Pegnitz) 12:20 - Pegnitz 12:30 - Creußen(Oberfr) 12:46 - Bayreuth Hbf 12:55	21
12:01	S	S 2	Nürnberg Hbf 12:01 - Rednitzhembach 12:23 - Büchenbach 12:27 - Roth 12:30	1
12:02	ICE	ICE 529	**München Hbf** Nürnberg Hbf 12:02 - München Hbf 13:19	9

1. Wann ist der RE 3413 in Pegnitz? ....

2. Wann fährt der ICE 529 ab? ....

3. Von welchem Gleis fährt die S-Bahn nach Roth ab? ....

c) **Üben Sie zu zweit. Fragen und antworten Sie wie in b).**

3 **Durchsagen**
41

a) **Hören Sie die Durchsagen. Was ist wo? Ordnen Sie zu.**

a ☐ am Bahnhof   c ☐ im Zug   e ☐ an der U-Bahn-Station
b ☐ auf dem Flughafen   d ☐ auf der Fähre

b) **Hören Sie noch einmal. Richtig oder falsch? Kreuzen Sie an.**

	richtig	falsch
1. Reisende nach Binz müssen in Stralsund in den Bus umsteigen.	☐	☐
2. Der Regionalzug nach Berlin fährt heute am Gleis 1 ab.	☐	☐
3. Die U-Bahn Linie 1 fährt heute nur bis zum Hauptbahnhof.	☐	☐
4. Die Ankunft im Hafen Borkum ist ca. 18:35 Uhr.	☐	☐
5. Das Flugzeug aus Zürich kommt mit Verspätung an.	☐	☐

4 **Meine Familie**

a) **Lesen Sie die Texte und ordnen Sie die Fotos zu.**

a

b

c

1. ☐
💬 Haben Sie Geschwister?
🗨 Ja. Ich einen Bruder und eine Schwester.
💬 Wie alt sind sie?
🗨 Meine Schwester ist 14 Jahre alt und mein Bruder ist 12.

2. ☐
💬 Was machen Ihre Eltern beruflich.
🗨 Also meine Mutter ist Sekretärin und mein Vater arbeitet als Koch.
💬 Wie lange sind sie schon verheiratet.
🗨 Seit 25 Jahren.

3. ☐
💬 Leben Ihre Großeltern noch?
🗨 Mein Opa ist leider schon tot. Meine Oma ist 68 Jahre alt.
💬 Wo wohnt sie?
🗨 In der Türkei, in Ankara.

Minimemo	**Familienwörter**	
	mein Mann	meine Frau
	mein Vater	meine Mutter
	mein Sohn	meine Tochter
	mein Bruder	meine Schwester
	mein Opa	meine Oma
	mein Enkel	meine Enkelin
	mein Onkel	meine Tante
	mein Partner	meine Partnerin

b) **Familienwörter. Ergänzen Sie die Sätze.**

1. Meine Mutter und mein .... Das sind meine Eltern.

2. Meine Schwester und mein .... Das sind meine Geschwister.

3. Meine .... und mein Sohn. Das sind meine Kinder.

4. Meine .... und mein Opa. Das sind meine Großeltern.

5. Meine .... und mein .... Das sind meine Enkelkinder.

5 **Mein Leben gestern und heute**

a) **Lesen Sie die Sätze und ordnen Sie die Bilder (Seite 75) zu.**

1. ☐ Petra Müller ist am 1. August 1978 in Gotha geboren.
2. ☐ Sie ist von 1984 bis 1996 in Jena zur Schule gegangen.
3. ☐ 1997 bis 2002 hat sie in Mannheim studiert.
4. ☐ Ihren Mann, August, hat sie im Urlaub an der Ostsee kennengelernt.
5. ☐ Sie haben 2008 geheiratet.
6. ☐ Ihre Tochter, Jana, ist 2010 zur Welt gekommen.

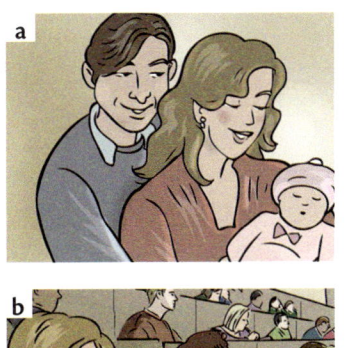

b) Lesen Sie den Text und sammeln Sie Informationen über Sebastian Blaga.

www.sebastianblaga.blog.com   Reader

Home   **Über mich**   Arbeit   Kontakt

Über mich

Mein Name ist Sebastian Blaga. Ich bin 1975 in Bukarest geboren. Mein Vater war Ingenieur bei Dacia. Meine Mutter ist Lehrerin an einer Grundschule. Ich habe noch zwei Geschwister: eine Schwester und einen Bruder.

Ich bin in Bukarest zur Schule gegangen. Von 1996 bis 2000 habe ich an der Universität Bukarest Informatik studiert. Nach dem Studium habe ich sieben Jahre bei einer Firma in Bukarest als Programmierer gearbeitet. 2007 bin ich nach Deutschland gekommen. Zuerst habe ich in Stuttgart Deutsch gelernt. Das war nicht leicht. Nach dem Deutschkurs habe ich 2008 eine Stelle bei Bosch bekommen. Im Deutschkurs habe ich auch meine Frau, Maria, kennengelernt. Sie kommt aus Spanien und ist Krankenschwester. 2009 haben wir geheiratet und 2012 eine Tochter, Ruth, bekommen. Heute wohne ich mit meiner Frau und meiner Tochter in Böblingen. Ich habe dort seit 2011 eine Computerfirma.

Geboren (Wann? / Wo?) ....

Schulbildung (Wo?) ....

Studium (Von wann bis wann? / Wo?) ....

Beruf (Was?) ....

Familie (Verheiratet? / Kinder?) ....

c) Und Sie? Schreiben Sie einen Text über Ihr Leben.

Geboren: Wann? Wo? – Eltern: Beruf? – Geschwister: Wie viele? – Schulbildung: Von wann bis wann? Wo? – Beruf: Welcher? – Nach Deutschland gekommen: Wann? – Familienstand: Verheiratet? Seit wann? / Ledig? – Familie: Kinder?

Ich bin 1985 in Sarajevo geboren ...

1 Lebensmittel in Europa

a) **Was meinen Sie?**
Was ist richtig?
Kreuzen Sie an.

1. Die Deutschen essen Brot am liebsten mit Butter und ...
   - a ☐ Wurst.
   - b ☐ Käse.
   - c ☐ Marmelade.

2. Wer trinkt am meisten Kaffee?
   - a ☐ Die Österreicher.
   - b ☐ Die Deutschen.
   - c ☐ Die Luxemburger.

3. Welches Land ist im Schokoladeessen die Nummer eins?
   - a ☐ Großbritannien.
   - b ☐ Deutschland.
   - c ☐ Die Schweiz.

4. Bei welchem Getränk steht Deutschland international auf Platz eins?
   - a ☐ Saft.
   - b ☐ Kaffee.
   - c ☐ Bier.

b) **Lesen Sie und kontrollieren Sie Ihre Antworten in a).**

Brot

Brot ist Leben. Mehr als 97 % der Deutschen essen jeden Tag Brot. Eine Untersuchung sagt, jeder Deutsche isst 85 Kilo Brot im Jahr, das sind über 230 Gramm am Tag. Mit mehr als 300 verschiedenen Rezepten für Brot stehen deutsche Bäcker in der Welt auf Platz eins. Die meisten Rezepte sind für dunkles Brot. Das isst man in Deutschland lieber als helles Brot. Viele Deutsche essen Brot zum Frühstück und Abendessen, am liebsten mit Butter und Käse, aber auch mit Wurst, Schinken oder Marmelade.

Kaffee

Österreich ist für seine Kaffeekultur berühmt. Mit 7,2 Kilo Kaffee im Jahr, das sind circa 162 Liter, stehen die Österreicher unter den deutschen Nachbarländern aber nicht auf Platz eins. Die Luxemburger trinken am meisten Kaffee. „Kaffee ist heute ein Lifestyle-Produkt. Einen Tag ohne Kaffee oder einen Besuch im Kaffeehaus gibt es für die meisten Österreicher nicht", sagt Thomas Huber, Chef eines Kaffeehauses. Aber viele Österreicher trinken ihren Kaffee auch zu Hause oder bei der Arbeit.

Schokolade

Schokolade – wer kann da schon nein sagen? Im internationalen Vergleich essen die Schweizer am meisten Schokolade, am liebsten Milchschokolade (80 %). Im Jahr 2012 haben sie pro Person 12,4 Kilo Schokolade gegessen. In Europa folgt auf Platz zwei Deutschland mit 11,4 Kilo vor Großbritannien mit 10,4 Kilo. Die Schweizer essen aber nicht nur viel Schokolade, sie produzieren sie auch. Im Jahr 2012 hat die Schweiz 60,3 % von ihren Schokoladenprodukten in über 130 Länder verkauft.

Saft

Haben Sie das gewusst? Deutschland steht im Safttrinken international auf Platz eins! Im Jahr 2012 hat jeder Deutsche 33 Liter Saft getrunken, das sind aber zwei Liter weniger als im Jahr 2011. Apfelsaft ist mit etwa 8,5 Litern der beliebteste Saft. Viele finden, er schmeckt besser als Orangensaft. In Deutschland mischt man Apfelsaft oft mit Mineralwasser. Das Getränk heißt dann Apfelschorle und schmeckt nicht so süß. Eine Umfrage zeigt, die Apfelschorle ist seit 2008 noch beliebter als Apfelsaft!

2 Obst oder Gemüse?

a) Was ist das? Schreiben Sie und kreuzen Sie an.

			Obst	Gemüse
1.	R T F K O L E F A	*Kartoffel*	☐	☒
2.	P A F L E		☐	☐
3.	E E E R R B E D		☐	☐
4.	R G E K U		☐	☐
5.	P K I R A P A		☐	☐
6.	M O T A E T		☐	☐
7.	O N G R A E		☐	☐
8.	S L A T A		☐	☐
9.	B A E N A N		☐	☐

b) Ordnen Sie die Fotos zu.

3 Süß oder salzig? Ordnen Sie die Wörter zu und ergänzen Sie die Artikel.

> Kartoffel – Ei – Nudel – ~~Tee~~ – Sahne – Erdbeere – Schokolade – Eis – Käse –
> Tomate – Wurst – Orangensaft – Schinken – ~~Fleisch~~ – Hähnchen – Paprika –
> Kaffee – Marmelade – Fisch – Pommes – Kuchen

der Tee,

das Fleisch,

4 Wortreihen

a) Ergänzen Sie den unbestimmten Artikel.

1.	.... Dose	Bananen – Sauerkraut – Pizza – Brötchen
2.	*ein* Kilo	Milch – Eier – Marmelade – <mark>Fleisch</mark>
3.	.... Stück	Butter – Erdbeere – Joghurt – Nudeln
4.	.... Liter	Salat – Brot – Saft – Schokolade
5.	.... Flasche	Paprika – Ketchup – Orangen – Käse
6.	.... Becher	Sahne – Brot – Wurst – Reis

b) Nur ein Wort passt. Markieren Sie es.

5 **Auf dem Markt**

a) **Frau May kauft Obst und Gemüse. Was sagt sie? Kreuzen Sie an.**

💬 Guten Tag, Sie wünschen?

a ☐ 👂 Vielen Dank. Haben Sie auch Äpfel?
b ☐ 👂 Guten Tag. Ich hätte gern ein Kilo Äpfel.
c ☐ 👂 Wie geht es Ihnen? Ich brauche Äpfel.

💬 Sonst noch etwas?

a ☐ 👂 Zwei Paprika.
b ☐ 👂 Das ist günstig.
c ☐ 👂 Ja, geben Sie mir bitte auch einen Liter Milch.

💬 Die sind leider nicht mehr ganz frisch. Wollen Sie sie heute essen?

a ☐ 👂 Nein, das geht nicht.
b ☐ 👂 Nein. Dann nehme ich lieber keine.
c ☐ 👂 Ja, das ist eine gute Idee.

💬 Tut mir wirklich leid. Morgen haben wir wieder frische Paprika. Noch etwas?

a ☐ 👂 Wie viel kosten die Eier?
b ☐ 👂 Ist der Salat im Angebot?
c ☐ 👂 Was kosten die Erdbeeren?

💬 500 g kosten 2 Euro 99. Das sind die ersten aus Spanien.

a ☐ 👂 Das ist teuer, aber ich nehme zwei Pfund.
b ☐ 👂 Das ist aber billig. Geben Sie mir bitte nur ein halbes Pfund.
c ☐ 👂 Geben Sie mir bitte eine.

💬 Bitte, ein Kilo Erdbeeren. Wir haben heute auch frischen Salat.

a ☐ 👂 Und was kostet der?
b ☐ 👂 Kommt der auch aus Spanien?
c ☐ 👂 Danke, aber ich brauche noch vier Bananen.

💬 Ja, gern. Darf es sonst noch etwas sein?

a ☐ 👂 Nein, danke. Das ist alles.
b ☐ 👂 Ja. Haben Sie auch frische Kartoffeln?
c ☐ 👂 Nein. Geben Sie mir bitte die Rechnung.

💬 Das macht zusammen 8 Euro 18.

🔊👂 **b)** **Alles richtig? Hören Sie den Dialog und kontrollieren Sie in a).**
42

6 Einkaufen

a) Welche Lebensmittel können José und Marita auf dem Biomarkt kaufen? Kreuzen Sie an.

Heute ist Samstag. José und Marita wollen nach dem Frühstück auf einem kleinen Biomarkt und dann noch im Supermarkt einkaufen. Am Abend kommen Freunde zum Essen und sie wollen den Nudelauflauf aus Josés Deutschbuch und einen Salat machen. Danach gibt es Kuchen. José hat einen Einkaufszettel geschrieben.

Unser Biomarkt

Bäckerei „Landgold"

Fleischerei „Dörfler"

Obst & Gemüse „Mein Garten"

Käsespezialitäten „Biokäse & mehr"

- 250 g Nudeln ☐
- 1 Weißbrot ☐
- 150 g Schinken ☐
- 2 Zwiebeln ☐
- 500 g Tomaten ☐
- 150 g Bergkäse ☐
- 1 Becher süße Sahne ☐
- 1 Flasche Rotwein ☐
- 4 Stück Apfelkuchen ☐

b) Was kaufen sie wo? Hören Sie die Dialoge und ergänzen Sie die Lebensmittel.
43

Bäckerei	Fleischerei	Obst & Gemüse	Käsespezialitäten
....	....	2 Zwiebeln	....
....	....	....	....

c) Was bezahlen sie wo? Hören Sie noch einmal und schreiben Sie die Preise.
43

1. .... Euro 2. .... Euro 3. .... Euro 4. .... Euro

7 Sie wünschen? Schreiben Sie Sätze.

💬 _Guten Tag, Sie wünschen?_
, – guten – Sie – wünschen – Tag – ?

👄 ....
die – sind – frisch – Erdbeeren – ?

💬 ....
ja – , – frisch – sind – die – .

👄 ....
ich – eine – darf – probieren – ?

💬 ....
gern – , – möchten – wie viele – Sie – ?

👄 ....
ein – was – ? – Kilo – kostet

💬 ....
das – kostet – . – Kilo – 3,98 €

👄 ....
mir – Sie – Kilo – . – zwei – geben

8 Fragewort welch-. Fragen Sie kurz nach.

4. 💬 Ich habe die Bücher gefunden.

   👄 ....

   💬 Deine Deutschbücher. Sie waren unter
   dem Sofa!

5. 💬 Wir haben deine Nachbarin im Kino
   getroffen.

   👄 ....

   💬 Die aus der dritten Etage.

1. 💬 Hast du den Film schon gesehen?

   👄 _Welchen Film?_
   💬 Das Leben der Anderen.

2. 💬 Kennst du das Kind?

   👄 ....
   💬 Das Kind von Dirk.

3. 💬 Das ist der Mann.

   👄 ....
   💬 Der Mann von Ariane.

6. 💬 Du hast deinen Termin vergessen.

   👄 ....

   💬 Den Termin beim Zahnarzt.

7. 💬 Die Stühle sind kaputt.

   👄 ....
   💬 Die beiden im Flur.

8. 💬 Magst du dieses Brot?

   👄 ....
   💬 Das Schwarzbrot.

9 Das Verb mögen. Ergänzen Sie.

1. 💬 ...._Mögt_......... ihr asiatische Küche,
   Wolfgang und Astrid? 👄 Ja, sehr gern.

2. 💬 Hmmm, Sauerkraut. .... du
   das auch? 👄 Nein, nicht so gern.

3. Ich .... Erdbeeren am liebsten mit Sahne.

4. Meine Eltern .... spanischen Rotwein
   am liebsten.

5. Erich isst gern italienisch, aber Pizza .... er nicht.

6. Wir .... Hamburger nicht so gern. Wir essen lieber Döner.

Grammatik		
ich	....
du	....
er/es/sie	....
wir	....
ihr	_mögt_
sie/Sie	....

10 **Komparation**

a) **Ergänzen Sie** *gut – besser (als) – am besten.*

Florian findet Aktivurlaub .... *gut* .... Der Fahrradurlaub im letzten Jahr hat ihm bis jetzt

.... gefallen. Er hat ihm sogar noch .... die Bergwan-

derung in den Dolomiten gefallen. Einen Urlaub in einer Stadt findet Florian nicht so ....

b) **Ergänzen Sie** *viel – mehr (als) – am meisten.*

Herr Rahn ist Lehrer. Er trinkt sehr .... Kaffee. Sein Arzt sagt, das ist nicht gesund. Er

muss .... Wasser oder Saft trinken. Aber Herr Rahn trinkt immer noch ....

Kaffee .... andere Getränke. .... trinkt er Kaffee bei der Arbeit.

c) **Ergänzen Sie** *gern – lieber – am liebsten.*

Anna möchte einen Beruf lernen. Sie möchte .... in einem Restaurant oder Hotel

arbeiten, aber die Arbeit an der Rezeption oder als Kellnerin mag sie nicht so ....

Jetzt hat sie doch noch ihren Traumberuf gefunden: Sie kocht .... für sich und

noch .... für ihre Freunde. Nun will sie aus dem Hobby einen Beruf machen.

11 **Am liebsten ...** **Lesen Sie und ergänzen Sie die Hitlisten.**

Imke ist vier Jahre alt. Sie isst gern Eis. Paprika mag sie nicht so gern wie Eis.
Pommes isst sie noch lieber als Schokolade und Schokolade mag sie lieber als Eis.

Hitliste **1.** .... **2.** *Schokolade* **3.** .... **4.** ....

Marit ist erst zwei. Sie isst nicht so gern Tomaten wie Nudeln. Sie findet Nudeln aber nicht so
lecker wie Eis. Schokolade schmeckt ihr besser als Eis.

Hitliste **1.** .... **2.** .... **3.** .... **4.** ....

12 **Andrea kocht für ihre Freunde Gemüsereis mit Fisch.** **Ergänzen Sie das Rezept.**

Fisch – Salz – Tomaten – geben – schneiden (2x) – verrühren – kochen – ~~anbraten~~ – backen

Zutaten

250 g	Reis
1	Zwiebel
2	Paprika
3–4	Tomaten
500 g	Fisch
	Salz und
	Pfeffer

Reis .... Die Paprika in Streifen ....

Die Zwiebel und .... in Würfel ....

Das Gemüse in einer Pfanne *anbraten* ....

Den .... in eine Form .... und mit

etwas .... und Pfeffer würzen. Im Backofen bei

200 Grad ca. 20 Min. .... Den Reis mit dem

Gemüse ....

10 Leben in Deutschland

1 Pausensnacks

a) Ordnen Sie die Fotos zu.

a   d   g   j

b   e   h   k

c   f   i   l

1. ☐ das Brot mit Käse   5. ☐ die Cola   9. ☐ das Rosinenbrötchen

2. ☐ die Pausenbrot-Box   6. ☐ der Müsliriegel   10. ☐ der Joghurt

3. ☐ der Schokoriegel   7. ☐ der Kekse   11. ☐ die Nüsse

4. ☐ die Weintrauben   8. ☐ das Brötchen mit Wurst   12. ☐ die Möhren

b) Lesen Sie den Text. Richtig oder falsch? Kreuzen Sie an.

	richtig	falsch
1. An allen Schulen in Deutschland gibt es kleine und große Pausen.	☐	☐
2. In der kleinen Pause frühstücken die Schülerinnen und Schüler.	☐	☐
3. Die Schüler müssen ihr Frühstück in den Schülercafés kaufen.	☐	☐
4. Die Schüler müssen das Mittagessen mitbringen.	☐	☐

www.leben-in-d.de/schule/pausenbrot

Schule in Deutschland – Pausenbrote und Schülermensa

An den Schulen in Deutschland gibt es kleine Pausen, große Pausen und an Ganztagsschulen auch noch die Mittagspause. Die kleinen Pausen sind meistens fünf bis zehn Minuten lang. In den kleinen Pausen gehen die Schüler von einem Schulzimmer zu einem anderen. Die großen Pausen sind meistens 15 bis 20 Minuten lang. In den großen Pausen können die Schüler etwas essen und trinken und mit ihren Freunden sprechen. In den Klassen 1 bis 3 frühstücken die Kinder oft zusammen in der ersten großen Pause. Die Kinder bringen von zu Hause Pausenbrote mit. An manchen Schulen gibt es auch Schülercafés. Dort kann man Getränke und kleine Snacks kaufen – z. B. Vollkornbrot mit Käse oder Wurst, Obst, Joghurt oder Müsliriegel. In vielen Schulen gibt es auch eine Mensa. Dort bekommen die Schüler mittags eine warme Mahlzeit.

2 **Im Restaurant**

🔊 **a) Hören und lesen Sie die Dialoge. Ordnen Sie sie den Fotos zu.**
44

a ☐ das Essen bestellen	**b** ☐ die Rechnung bezahlen	**c** ☐ einen Tisch reservieren

1.
💬 Guten Abend, hier ist Demirel. Ich möchte einen Tisch reservieren.
👃 Für wie viele Personen?
💬 Für vier Personen.
👃 Wann wollen Sie kommen?
💬 Am Samstagabend um 20.00 Uhr. Geht das?
👃 Ja, das geht. Wie war Ihr Name, bitte?
💬 Demirel.
👃 Danke, Herr Demirel. Bis morgen Abend.

2.
💬 Möchten Sie bestellen?
👃 Ja, bitte. Ich hätte gern den Fisch mit Reis und einen Tomatensalat.
💬 Und Sie?
👃 Ich nehme die Spaghetti mit Tomatensoße. Und auch einen Salat, bitte.
💬 Gern. Und was möchten Sie trinken?
👃 Mineralwasser, bitte.
👃 Ich hätte gern einen Apfelsaft.
💬 Gerne.

3.
💬 Können wir bitte bezahlen?
👃 Ich komme sofort. Zusammen oder getrennt?
💬 Zusammen.
👃 Möchten Sie bar oder mit Karte zahlen?
💬 Bar.
👃 Gut, das macht dann 37,60 Euro, bitte.
💬 40 Euro. Stimmt so.
👃 Vielen Dank. Auf Wiedersehen.
💬 Auf Wiedersehen.

b) Gespräche im Restaurant. Ergänzen Sie die Sätze

---
bestellen – frei – getrennt oder zusammen – hätte gern – möchten – Rechnung – reserviert
---

1. 💬 Entschuldigen Sie, bitte. Ist hier

noch ....?

👃 Ja klar, bitte.

2. 💬 Möchten Sie ....?

👃 Ja. Ich .... eine Pizza.

💬 Und Sie, was .... Sie?

3. 💬 Guten Abend, Demirel. Ich habe einen

Tisch ....

👃 Der Tisch am Fenster ist für Sie.

Bitte schön.

4. 💬 Die ...., bitte.

👃 Zahlen Sie ....?

3 **Jede/r is(s)t anders. Was passt zusammen? Ordnen Sie zu.**

a   b   c   d

1. ☐ Ich habe eine Allergie gegen Nüsse.   **3.** ☐ Bitte kein Fleisch. Ich bin Vegetarierin.
2. ☐ Nein danke, ich trinke keinen Alkohol.   **4.** ☐ Eine Salami ohne Schweinefleisch, bitte.

1 Im Modegeschäft

a) Lesen Sie den Text schnell. Was ist Ulla von Steinmeyer von Beruf? Kreuzen Sie an.

Sie ist ☐ Chefin ☐ Verkäuferin ☐ Einkäuferin in einem großen Modegeschäft.

Wintermode im Frühling

Es ist Anfang April, sonnig und schon ziemlich warm. Die ersten Straßencafés haben Tische und Stühle nach draußen gestellt. In ein paar Monaten kommt der Sommer. **Ulla Steinmeyer** (43) findet das schöne Frühlingswetter toll. Am liebsten möchte sie gleich einen Bummel durch die Fußgängerzone machen und ein neues Kleid, eine neue Bluse oder ein Paar schicke Schuhe für den Sommer kaufen. Aber das geht heute leider nicht. Ulla sitzt an ihrem Schreibtisch. Sie arbeitet für ein großes Modegeschäft. In dem Geschäft hat sie als Verkäuferin angefangen, aber seit fast zehn Jahren verkauft sie die Kleidung nicht mehr, sie kauft sie für das Geschäft ein. In diesem Jahr hat Ulla wieder von Januar bis März die Modemessen für den nächsten Winter in München, Düsseldorf, Leipzig und Frankfurt besucht. Das findet sie immer besonders interessant.

Im nächsten Winter sind die Röcke und Kleider wieder lang, die Mäntel kurz und alles ist enger und nicht mehr so bunt. Das weiß Ulla jetzt schon. Dunkle Farben und einfache Formen bleiben auch in diesem Jahr im Trend. Die Mode ist gut kombinierbar und die Materialien kommen aus der Natur. Die Kunden und Kundinnen finden den neuesten Wintertrend sicher gut.

Ulla macht gerade die Bestellungen für den nächsten Winter. Das ist nicht so einfach. Im letzten Jahr hat sie für die Geschäfte in ganz Deutschland 5 000 hellgrüne Sommerpullover gekauft. Den Kundinnen hat die Farbe, die Form, das Material oder der Preis nicht gefallen. Im Herbst waren 2 000 Pullover noch nicht verkauft. Ihr Chef sieht die Verkaufszahlen immer sehr genau an. Er hat gemeint, das darf einer guten Einkäuferin nicht passieren! Ulla möchte keine Fehler machen und kontrolliert alle Bestelllisten noch einmal. Draußen scheint die Sonne. Der Frühling und die Sommerkleider müssen warten. Heute bestellt Ulla Wintermode.

b) Lesen Sie den Text noch einmal. Was ist richtig? Kreuzen Sie an.

1. Es ist …
  a ☐ Frühling.
  b ☐ Sommer.
  c ☐ Winter.

2. In den letzten Monaten hat Ulla …
  a ☐ als Verkäuferin gearbeitet.
  b ☐ viele Modemessen besucht.
  c ☐ 5 000 Sommerpullover bestellt.

3. Dunkle Farben und einfache Formen …
  a ☐ waren letztes Jahr unmodern.
  b ☐ sind auch in diesem Winter wieder in.
  c ☐ findet Ulla besonders schön.

4. Im letzten Sommer …
  a ☐ hat ihr Chef die Verkaufszahlen kontrolliert.
  b ☐ waren hellgrüne Sommerkleider in.
  c ☐ haben den Kundinnen nicht alle Pullover gefallen.

5. Ulla Steinmeyer …
  a ☐ macht heute einen Stadtbummel.
  b ☐ kontrolliert heute die Bestellungen für den Winter.
  c ☐ hat heute einen Termin mit ihrem Chef.

2 **Farben lesen.** **Lesen Sie die Farben schnell und laut vor. Welche Wörter haben die richtige Farbe? Kreuzen Sie an.**

□ Grün   □ Gelb   □ Schwarz

□ Blau   □ Orange   □ Rot

Hatten Sie Probleme? Viele Menschen sehen zuerst das Wort und nicht die Farbe!

3 **Berufskleidung in Deutschland.** **Zwei Kleidungsstücke passen nicht zu den Berufen. Streichen Sie durch.**

1. Eine Zahnärztin trägt ... ~~einen Trainingsanzug~~ – eine weiße Jeans – ein helles T-Shirt – ~~eine kurze Hose~~ – bequeme Schuhe

2. Kfz-Mechatroniker tragen ... modische Mäntel – lange Hosen – einfache T-Shirts – dunkle Arbeitsschuhe – bunte Krawatten

3. Kellner tragen ... schwarze Hosen – helle Stiefel – weiße Hemden – dunkelrote Mäntel – schwarze Schuhe

4. Ein Bankangestellter trägt ... eine sportliche Jacke – einen grauen Anzug – ein helles Hemd – eine dunkle Krawatte – ein buntes T-Shirt

5. Bäcker tragen ... blaue Anzüge – helle T-Shirts – weiße Jacken – weiße Mützen – warme Stiefel

6. Eine Fitnesstrainerin trägt ... ein weißes T-Shirt – einen kurzen Rock – ein dunkles Abend-kleid – bunte Sportschuhe – einen bequemen Trainingsanzug

4 **Lieblingskleidung.** **Wie heißen die Personen? Ergänzen Sie die Namen und Kleidungsstücke.**

Monika

Robert

Peter

Birgit

Michael

1. .... trägt am Wochenende am liebsten eine

   graue .... und eine schwarze ....

2. .... zieht am liebsten ihren bunten

   .... an. Dazu trägt sie gern ein weißes

   .... und braune ....

3. .... hat im Winter immer seinen

   langen .... an. Am liebsten trägt er

   dazu seinen dunkelgrünen ....

4. .... mag schicke Kleidung. Sie zieht gern ein

   rotes .... und schwarze .... an.

5. .... findet schicke Kleidung auch am schönsten.

   Er trägt oft einen schwarzen ...., ein weißes

   .... und eine rote ....

5 **Zu lang, zu kurz ...** Sehen Sie die Bilder an und ergänzen Sie die Adjektive mit *zu*.

hell – lang – teuer – ~~klein~~ – kurz – bunt – groß

Elena hat heute Nachmittag in der Stadt einen Einkaufsbummel gemacht. Zuerst hat sie eine rote und eine grüne Hose anprobiert. Die rote Hose war ....*zu klein*.............. und die grüne .... Die Verkäuferin hat ihr auch eine Winterjacke gezeigt. Die hat Elena aber gar nicht gut gefallen. Sie war viel .... In ihrem Lieblingsgeschäft hat sie einen tollen dunkelblauen Pullover gesehen. Aber er war viel .... Danach hat sie eine schwarze Jeans anprobiert. Leider war die Hose in Größe 32 ....
In Größe 30 hatte das Geschäft die Hose nur noch in Weiß. Das war Elena für den Winter .... Endlich hat sie eine schicke Jacke gefunden. Aber die war leider .... – 350 Euro! Elena hat nichts gekauft und ist wieder nach Hause gegangen.

6 **Unbestimmter Artikel im Akkusativ.** Singular oder Plural? Markieren Sie und ergänzen Sie den unbestimmten Artikel oder –.

		Singular	Plural
1. Ich suche .....*einen*.......... blauen **Pullover**.		[X]	[ ]
2. Ich finde .... bunte **Jacken** im Winter schön.		[ ]	[ ]
3. Ich suche .... schwarzen **Anzug** in Größe 48.		[ ]	[ ]
4. Du hast ja .... neuen **Wintermantel**! Der steht dir gut.		[ ]	[ ]
5. Haben Sie .... blauen **Rock** in Größe 38?		[ ]	[ ]
6. Hast du .... neue **Schuhe**? – Ja. Gefallen sie dir?		[ ]	[ ]
7. Ich finde .... graue **Hemden** sehen langweilig aus.		[ ]	[ ]
8. Ich möchte .... leichte **Sommerjacke** kaufen.		[ ]	[ ]
9. Ich suche .... schönen **Rock**.		[ ]	[ ]
10. Trägst du .... neue **Brille**?		[ ]	[ ]

7 **Adjektive im Akkusativ nach unbestimmtem Artikel.** Ergänzen Sie die Endungen.

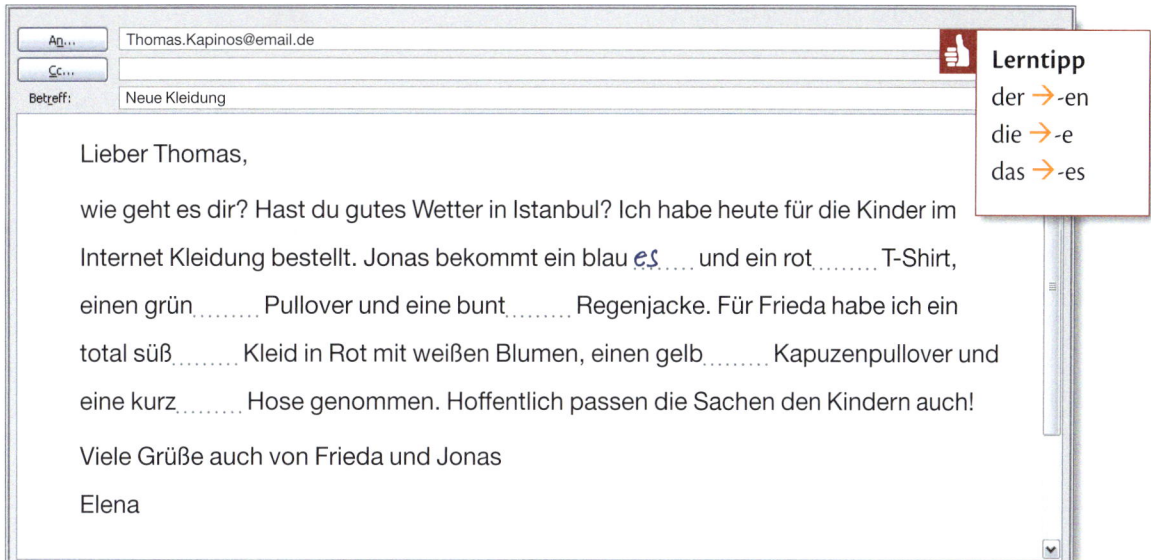

Lieber Thomas,

wie geht es dir? Hast du gutes Wetter in Istanbul? Ich habe heute für die Kinder im Internet Kleidung bestellt. Jonas bekommt ein blau_es_ und ein rot_____ T-Shirt, einen grün_____ Pullover und eine bunt_____ Regenjacke. Für Frieda habe ich ein total süß_____ Kleid in Rot mit weißen Blumen, einen gelb_____ Kapuzenpullover und eine kurz_____ Hose genommen. Hoffentlich passen die Sachen den Kindern auch!

Viele Grüße auch von Frieda und Jonas

Elena

An... Thomas.Kapinos@email.de
Cc...
Betreff: Neue Kleidung

Lerntipp
der →-en
die →-e
das →-es

8 **Frauenabend**

a) **Wer ist das? Hören Sie und ordnen Sie die Namen** *Lotta, Laura, Marie* **zu.**

45

..........Inga........   ....

b) **Ergänzen Sie unbestimmte Artikel und Adjektive. Hören Sie noch einmal und kontrollieren Sie mit der CD.**

45

1. Lotta trägt _____einen_____ _____roten_____ Rock und _____ _____ T-Shirt.

2. Laura trägt _____ _____ Kleid.

3. Marie trägt _____ _____ Jeans und _____ _____ Bluse.

c) **Und Inga? Sehen Sie das Foto an und ergänzen Sie.**

Inga trägt _____ Hose und _____ Pullover.

9 **Gegenteile. Ruth macht alles anders. Schreiben Sie Sätze wie im Beispiel.**

1. Olga kauft einen schwarzen Pullover.

   Ruth kauft einen weißen Pullover .

2. Olga trägt eine helle Hose.

   Ruth .

3. Olga hat kurze Haare. .

4. Olga mag große Autos. .

5. Olga hat einen neuen Computer. .

> **Lerntipp**
> Adjektive immer mit
> dem Gegenteil lernen:
> alt – neu

10 **Welch-...? – Dies-... Ergänzen Sie.**

1.

💬 Bringen Sie mir bitte das blaue Hemd?

👍 .... Hemd meinen Sie?
💬 Das Hemd oben rechts.

👍 Meinen Sie ....?
💬 Ja, danke.

2.

💬 Wie gefällt dir die Wohnung?

👍 Ich weiß nicht. Ist ....
   Wohnung nicht zu klein?

💬 .... findest du denn besser?
👍 Die Wohnung in der Wiechernstraße.

3.

💬 .... Teppich finde ich schön!

👍 .... meinst du?
💬 Den braunen.

👍 Der ist nicht so schön wie .... hier.

💬 ....? Der hellgraue?
   Die Farbe passt aber nicht zu unserem Sofa.

11 **Im Schuhgeschäft**

a) Ordnen Sie den Dialog.

☐ 💬 Ich trage Schuhgröße 42.

1 💬 Guten Tag, ich brauche neue Schuhe.

☐ 💬 Die passen mir sehr gut.

☐ 💬 Kann ich die mal anprobieren?

☐ 💬 Nein, danke. Ich nehme diese.

☐ 👍 Welche Größe haben Sie?

☐ 👍 Moment, ich bringe Ihnen die Schuhe.

☐ 👍 In Ihrer Schuhgröße habe ich ein braunes Paar im Angebot.

☐ 👍 Möchten Sie noch ein anderes Paar probieren?

b) Alles richtig? Hören Sie den Dialog und kontrollieren Sie in a).
46

12 **Aprilwetter.** **Sehen Sie sich die Wettertabelle an und ergänzen Sie den Blog mit passenden Wetterwörtern.**

sonnig – Regen – bewölkt – windig – geschneit – Wolken –
Wetter – sonnig – warm – kalt – Schnee – geregnet

	08.00–14.00	14.00–20.00
Freitag	22 °C	11 °C
Samstag	4 °C	1 °C
Sonntag	10 °C	19 °C

Das war ein Wochenende! Typisch April! Am Freitag war es vormittags schön .....*sonnig*.....

und .... 22 Grad! Ich habe etwas im Garten gearbeitet. Plötzlich war es

ziemlich .... Am Nachmittag wollte ich im Park spazieren gehen, aber ein

Spaziergang im .... macht keinen Spaß. Es war auch .... Die

Temperatur ist plötzlich auf elf Grad gefallen. Ich bin zu Hause geblieben und habe

gelesen. Am Samstagvormittag hatten wir nur noch vier Grad, und der Himmel war

stark .... Ich habe nur schnell ein paar Lebensmittel eingekauft. Am späten

Nachmittag hat es dann ....! .... im April!

Am Sonntag war es vormittags mit 10° C schon wieder etwas wärmer, aber am Himmel

waren viele .... Am frühen Nachmittag war es schön warm

und .... Wir hatten 19 Grad. Aber um 16 Uhr hat es schon

wieder .... Hoffentlich ist das .... nächste Woche besser!

11 Leben in Deutschland

 1 **Kleidung kaufen**

47

a) Wo kaufen die Leute meistens ein. Hören Sie und notieren Sie.

a im Kaufhaus	**b** im Internet	**c** in einer Boutique

1. .... **2.** .... **3.** ....

b) Hören Sie noch einmal und beantworten Sie die Fragen.

1. Was kauft der Mann gerne im Kaufhaus?
2. Warum kauft die junge Frau nicht so oft im Internet ein?
3. Was kauft die Frau aus Dialog 3 oft im Internet?

2 **Im Internet einkaufen.** Was passt zusammen? Ordnen Sie zu.

a Ich bin bereits Kunde.

f Kostenloser Versand

b Zahlungsmethode

g Bestellung bestätigen

c Passwort bestätigen:

h 30 Tage Rückgaberecht

d Zum Warenkorb hinzufügen

g Ich stimme den AGB zu.

e Zur Kasse gehen

j Bestellung prüfen

1. ☐ Wie möchte ich zahlen? Mit Kreditkarte oder auf Rechnung?
2. ☐ Ich will nicht noch mehr im Online-Shop kaufen. Ich will jetzt bezahlen.
3. ☐ Ich habe die Bestellung geprüft. Alles ist korrekt. Ich möchte bestellen.
4. ☐ Ich klicke etwas an. Ich möchte es kaufen.
5. ☐ Ich habe hier schon eingekauft.
6. ☐ Ich habe die Allgemeinen Geschäftsbedingungen vom Online-Geschäft gelesen.
    Ich bin einverstanden.
7. ☐ Ich muss mein Passwort noch einmal schreiben.
8. ☐ Stimmt alles? Der Preis? Die Menge? Meine Adresse?
9. ☐ Das Online-Geschäft schickt die Ware an meine Adresse. Das kostet nicht extra.
10. ☐ Ich habe etwas gekauft, aber es gefällt / passt mir nicht. Ich kann es zurückschicken.

3 Orientierung im Kaufhaus

a) **Wo ist was? Wohin gehen Sie? Sehen Sie sich den Etagenplan vom Kaufhaus an und schreiben Sie Sätze wie im Beispiel.**

Willkommen bei Galeria Lux

Baby-Wickelraum I Terrasse I Café I Garderobe	**4. OG**	Fitness-Studio I Telefon I Kunden-WC I Schließfächer
Sportbekleidung I Sportschuhe I Sportgeräte I Spielwaren	**3. OG**	Kinderbekleidung I Kinderschuhe I Kundeninformation und -service
Gardinen I Tisch- und Bettwäsche I Stoffe I Haushaltwaren	**2. OG**	Elektrogeräte I Lampen
Damenbekleidung I Damenwäsche I Damenschuhe I Schneiderei	**1. OG**	Herrenbekleidung I Herrenwäsche I Herrenschuhe I Friseur
Beauty & Parfümerie I Schreibwaren I Uhren und Schmuck I Blumen I Reisebüro I Kopierer I Post	**EG**	Strümpfe I Taschen I Bücher I Berlin Souvenirs I Apotheke I EC-Geldautomat I Espressobar
Bio-Markt I Back-Shop I Drogeriemarkt I U-Bahn-Zugang U7/U8	**1. UG**	Kunden–WC I Zeitschriften I Tabak I Parkhauszugang

1. Sie möchten Brötchen kaufen. *Ich gehe in den Back-Shop im 1. Untergeschoss.*

2. Sie brauchen Schuhe für Ihre Tochter *Ich gehe in die Abteilung Kinderschuhe im 3. OG rechts.*

3. Sie möchten Urlaub in der Türkei machen. ....

4. Sie möchten Joggingschuhe kaufen. ....

5. Sie brauchen Papier für Ihren Drucker. ....

6. Sie suchen eine Waschmaschine. ....

7. Sie haben Lust auf einen Kaffee. ....

8. Sie brauchen neue Gläser.. ....

9. Sie möchten einen Anzug kaufen. ....

10. Sie suchen die Toilette. ....

b) **Fragen und antworten Sie.**

Entschuldigung, wo finde ich Schuhe?

Schuhe gibt es im ersten Obergeschoss.

die Briefmarke – das Radio – der Füller – die Pfanne – der Fußball – der Wecker – die Fernsehzeitschrift – die Zigaretten – der Rock – das Wörterbuch – das Obst

1 Gesund essen

a) Welche Tipps für eine gesunde Ernährung sind richtig? Was meinen Sie? Kreuzen Sie an.

1. ☐ Iss oft, aber wenig.
2. ☐ Du musst oft Obst und Gemüse essen.
3. ☐ Iss jeden Tag Fleisch.
4. ☐ Nimm mehr Salz und Zucker.
5. ☐ Iss nicht so schnell.
6. ☐ Trink viel Wasser.
7. ☐ Iss nicht so oft Milchprodukte.
8. ☐ Koch jede Woche mindestens zweimal Fisch.
9. ☐ Iss Kartoffeln, Brot, Nudeln und Reis.

b) Alles richtig? Lesen Sie den Text und kontrollieren Sie Ihre Antworten in a).

Wir essen zu viel, zu süß und zu fett. Falsche Ernährung und zu wenig Bewegung können krank machen. Aber man kann etwas für die Gesundheit tun:
Eine gute Ernährung und viel Bewegung helfen und sind gut für das Gewicht und die Fitness.
Diese zehn einfachen Regeln zeigen: Richtig essen kann lecker und gesund sein!

Gesund essen

1. Oft verschiedene Lebensmittel
2. Viel Brot, Reis, Nudeln, Kartoffeln
3. Fünfmal am Tag Gemüse und Obst
4. Täglich Milch und Milchprodukte
5. Ein- bis zweimal Fisch pro Woche, nicht zu viel Fleisch, Wurst und Eier
6. Nicht zu viel Zucker und Salz
7. Täglich 1,5 Liter Wasser oder Getränke mit wenig Kalorien
8. Lecker, aber mit wenig Fett, Zucker oder Salz kochen
9. Sich für das Essen Zeit nehmen
10. Viel Bewegung

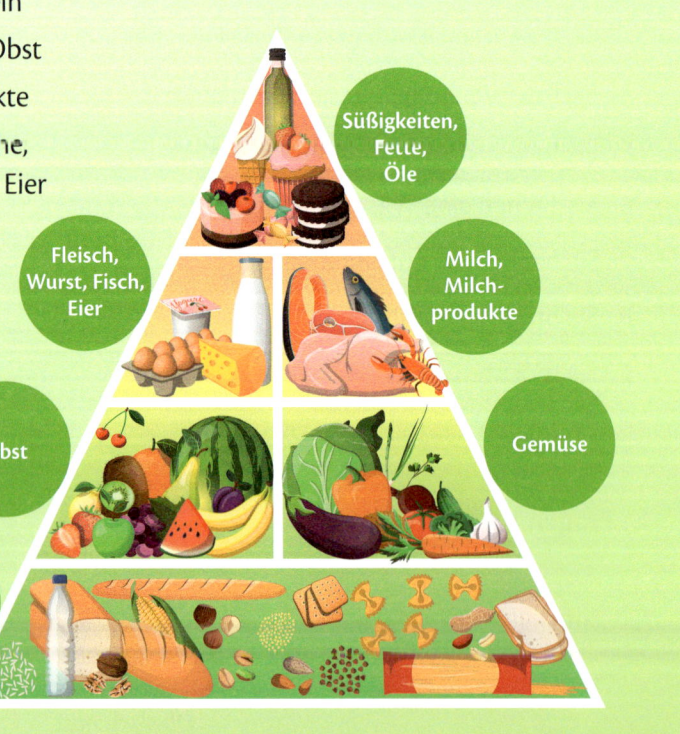

2 **Körperteile.** Ergänzen Sie die Körperteile im Singular (ß = ss).

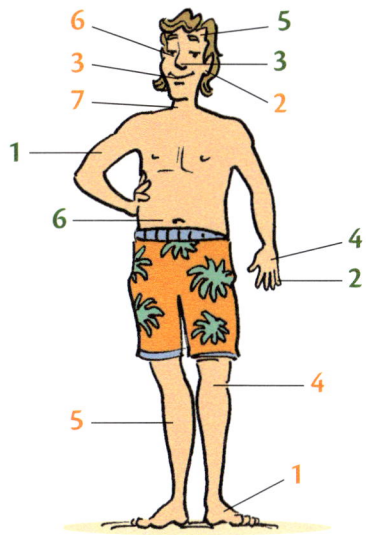

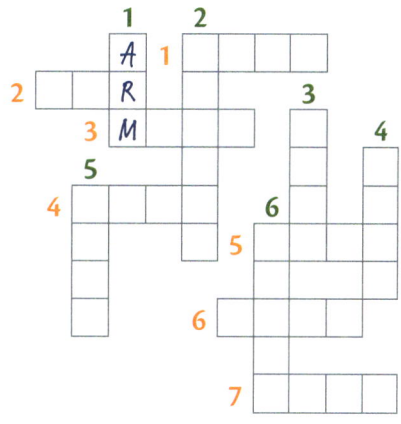

3 **Krankheiten.** Ergänzen Sie.

> Hals – Bauchschmerzen – Nase – Erkältung – Fieber – Kopfschmerzen

1. Toms .... läuft. Er hat Schnupfen.

2. Heute ist Olgas Körpertemperatur 38,4° Celsius. Sie hat ....

3. Frau May tun der .... und der Kopf weh.

   Sie hat eine ....

4. Der kleine Michi hat zu viel Eis gegessen. Er hat ....

5. Viele Menschen bekommen bei Stress ....

4 **Komposita**

a) **Was passt zusammen? Verbinden Sie.**

Kranken	**1**	**a**	-platz / -gerät / -art
Arzt	**2**	**b**	-tipp / -problem / -beratung
Gesundheits	**3**	**c**	-haus / -pfleger / -kasse
Sport	**4**	**d**	-praxis / -termin / -besuch

b) *Der*, *die* oder *das*? Machen Sie eine Tabelle im Heft und ordnen Sie die Komposita zu.
Schreiben Sie auch die Pluralformen auf. Das Wörterbuch hilft.

der	das	die
....	....	Krankenkasse, ...
....	....	Krankenkassen
....	....	....

5 **Herr Moll geht zum Arzt**

a) **Was passt? Kreuzen Sie an.**

1. Anmeldung in der Arztpraxis

1. Guten Tag. Haben Sie …
a [X] einen Termin?
b ☐ ein Problem?

2. Haben Sie Ihre … mit-gebracht?
a ☐ Krankenversicherung
b ☐ Versicherungskarte

3. Waren Sie in … schon einmal bei uns?
a ☐ diesem Quartal
b ☐ dieser Praxis

4. Nehmen Sie bitte noch einen Moment im … Platz.
a ☐ Flur
b ☐ Wartezimmer

5. Patienten mit Termin müssen bei uns … warten.
a ☐ nicht lange
b ☐ immer sehr lange

2. Im Sprechzimmer

1. Ich schreibe Ihnen … für Hustensaft.
a ☐ einen Zettel
b ☐ ein Rezept

2. Und ich verschreibe Ihnen auch noch … gegen das Fieber.
a ☐ ein Medikament
b ☐ eine Tablette

3. Die … bekommen Sie an der Rezeption.
a ☐ Krankschreibung
b ☐ Medikamente

4. Ich wünsche Ihnen …
a ☐ viel Spaß!
b ☐ gute Besserung!

5. Auf …
a ☐ Wiedersehen.
b ☐ Wiederhören.

b) **Textkaraoke: Beim Arzt. Hören Sie und sprechen Sie die ~-Rolle im Dialog.**

48

1.
👂 …
👄 Guten Tag. Ja, um neun Uhr. Mein Name ist Moll.
👂 …
👄 Ja, hier, bitte. Ich bin bei der AOK.
👂 …
👄 Nein, noch nicht. Ich glaube, ich war dieses Jahr einmal im Februar hier.
👂 …
👄 Muss ich lange warten?
👂 …

2.
👂 …
👄 Gut. Und was mache ich gegen das Fieber?
👂 …
👄 Danke. Ich brauche auch eine Krankschreibung für meinen Arbeitgeber.
👂 …
👄 Das ist gut. Und das Rezept?
👂 …
👄 Vielen Dank. Auf Wiedersehen.
👂 …

6 Nach dem Arztbesuch

a) **Herr Moll ist wieder zu Hause. Zuerst spricht er mit seiner Frau (Dialog A) und dann ruft er seinen Chef an (Dialog B). Wer sagt was? Kreuzen Sie an.**

		Frau Moll	der Chef
a	Da bist du ja wieder. Wie geht es dir?	X	☐
b	Ach, das ist jetzt nicht so wichtig. Bringen Sie die Krankschreibung einfach am Montag mit.	☐	☐
c	Getränkemarkt Kunze. Guten Tag!	☐	☐
d	Das ist kein Problem. Ich muss auch noch etwas einkaufen. Brauchst du noch etwas?	☐	☐
e	Sie sind krank? Das tut mir leid. Was fehlt Ihnen denn?	☐	☐
f	Mach das zuerst. Hast du auch ein Rezept bekommen? Der Arzt hat dir doch sicher Medikamente verschrieben.	☐	☐
g	Na ja, dann erholen Sie sich gut! Hoffentlich geht es Ihnen dann schnell wieder besser.	☐	☐
h	Hat er dir eine Krankschreibung für deinen Arbeitgeber gegeben?	☐	☐
i	Erkältet? Waren Sie auch schon beim Arzt?	☐	☐

b) **Ergänzen Sie die Dialoge.**

Dialog A: Herr Moll spricht mit seiner Frau.

Frau Moll: ☐a *Da bist du ja wieder. Wie geht es dir?* ....

Herr Moll: Nicht besonders gut. Der Arzt sagt, ich muss drei Tage im Bett bleiben und viel schlafen. Mit der Erkältung kann ich nicht arbeiten.

Frau Moll: ☐ ....

Herr Moll: Ja, ich rufe meinen Chef gleich an.

Frau Moll: ☐ ....

Herr Moll: Das habe ich fast vergessen. Kannst du für mich in die Apotheke gehen?

Frau Moll: ☐ ....

Herr Moll: Bitte bring mir frisches Obst mit. Ich brauche viel Vitamin C.

Dialog B: Herr Moll ruft seinen Chef an.

Herr Kunze: ☐ ....

Herr Moll: Guten Tag! Hier Frank Moll. Ich bin krank und kann heute nicht zur Arbeit kommen.

Herr Kunze: ☐ ....

Herr Moll: Ich bin total erkältet.

Herr Kunze: ☐ ....

Herr Moll: Ja, der Arzt hat mich bis Montag krank geschrieben.

Herr Kunze: ☐ ....

Herr Moll: Vielen Dank! Meine Frau kann Ihnen die Krankschreibung bringen.

Herr Kunze: ☐ ....

c) **Alles richtig? Hören Sie und kontrollieren Sie in a).**

49

7 Imperativ. Ergänzen Sie die Formen wie im Beispiel.

Infinitiv	Präsens	Imperativ
essen	du _isst_	.... öfter Fisch.
trinken	ihr	.... jeden Tag einen Liter Wasser.
nehmen	Sie	.... weniger Salz.

8 Gesundheitsmagazin

🔊 a) **Hören Sie den Jogger-Podcast. Über welches Thema spricht Carsten Schnell? Kreuzen Sie an.**
50

1. ☐ Tipps für die richtigen Joggingschuhe
2. ☐ Tipps für das Lauftraining im Sommer
3. ☐ Tipps für besonders schöne Laufwege

b) **Welche Tipps geben Sie Ihrem Freund / Ihrer Freundin für das Lauftraining im Sommer? Schreiben Sie die Sätze im Imperativ.**

Tipp 1: Vor dem Training viel trinken → _Trink vor dem Training viel!_

Tipp 2: Früh am Morgen laufen → ....

Tipp 3: Getränke mitnehmen → ....

Tipp 4: Viel frisches Obst essen → ....

Tipp 5: Vor dem Training kalt duschen → ....

9 Gesundheitsberatung

a) **Schreiben Sie Sätze im Imperativ.**

1. Sie müssen mehr Sport machen. → _Machen Sie mehr Sport!_
2. Du darfst nicht so viel fernsehen. → ....
3. Ihr müsst öfter mal zu Fuß gehen. → ....
4. Du musst mehr Gemüse essen. → ....
5. Sie dürfen nicht so viel Alkohol trinken. → ....
6. Ihr dürft nicht so viel Zucker nehmen. → ....

b) **Das Modalverb _dürfen_. Lesen Sie die Sätze noch einmal und ergänzen Sie die Tabelle.**

ich	_darf_	wir	_dürfen_
du	....	ihr	....
er/es/sie	_darf_	sie/Sie	....

10 **Modalverben. Ergänzen Sie** *dürfen* **oder** *müssen.* **Denken Sie auch an die Verbform.**

1. Du hast schon wieder Zigaretten gekauft. Du ..... *darfst* ..... doch nicht mehr rauchen!

2. Ich .... nach dem Unterricht zum Zahnarzt gehen. Ich habe Zahnschmerzen.

3. Ihr .... nicht so viel Eis essen. Danach bekommt ihr wieder Bauchschmerzen.

4. Was hat der Arzt gesagt? .... du wieder Fußball spielen?

5. Herr Merino .... im Bett bleiben. Er hat Fieber.

6. Du hast eine Erkältung? Du .... viel trinken und viel frisches Obst essen.

7. Silvia ist noch etwas erkältet. Sie .... noch nicht schwimmen gehen.

8. Ich war eine Woche krank. Mein Magen! Jetzt .... ich wieder alles essen.

11 **Alte Schulfreunde**

a) **Ergänzen Sie in der Tabelle die fehlenden Personalpronomen.**

Nominativ	ich	....	er / es / sie	....	ihr	sie / Sie
Akkusativ	*mich*	dich	...... / ...... / ...	uns	....	...... / ......

b) **Lisa hat nach vielen Jahren Ludger im Internet gefunden. Markieren Sie Nominativ oder Akkusativ wie im Beispiel und ergänzen Sie die Personalpronomen.**

💬 Hallo, .. *ich* ..... (*Nom.*/Akk.) bin es, Lisa. Kennst du ..... *mich* ..... (Nom./<u>Akk.</u>) noch?

👍 Welche Lisa? Kenne ich .... (*Nom.*/Akk.)?

💬 Ja, ... (*Nom.*/Akk.) waren zusammen auf der Schule.

👍 Das war vor so vielen Jahren! .... (*Nom.*/Akk.) weißt noch, wer .... (*Nom.*/Akk.) bin?

💬 Ja, klar! Du hattest lange Haare und warst immer mit Holger zusammen. .... (*Nom.*/Akk.) habt fast nichts alleine gemacht.

👍 Holger? Du kennst .... (*Nom.*/Akk.) also auch?

💬 Nicht gut, aber ich habe .... (*Nom.*/Akk.) oft in der Pause gesehen.

👍 Tja, Holger war mein bester Freund.

💬 Was macht .... (*Nom.*/Akk.) denn jetzt?

👍 Keine Ahnung. .... (*Nom.*/Akk.) ist nach dem Studium ins Ausland gegangen.

💬 Und was machst .... (*Nom.*/Akk.) jetzt? Bist du verheiratet?

👍 Ja, mit Lynn. Wir haben uns in Washington kennengelernt.

💬 Du warst in den USA? Was hast .... (*Nom.*/Akk.) da gemacht? Und wo hast du .... (*Nom.*/Akk.) denn kennengelernt?

👍 Ich war fünf Jahre an der deutschen Botschaft in Washington. Wir haben .... (Nom./Akk.) bei einem Abendessen bei Freunden getroffen.

1 Bitte bleiben Sie gesund!

a) Welches Bild passt zu welchem Text? Ordnen Sie zu.

1. ☐ Das ist eine Gesundheitskarte. Man braucht sie für den Besuch beim Arzt.
2. ☐ Der Arzt schreibt eine Krankschreibung. Das Original schickt man an die Krankenkasse. Die Kopie ist für den Arbeitgeber oder die Schule.
3. ☐ Der Hausarzt schreibt eine Überweisung für das Krankenhaus oder den Facharzt.
4. ☐ Für viele Medikamente braucht man ein Rezept vom Arzt. Mit dem Rezept geht man in die Apotheke.
5. ☐ Das Arztschild informiert über die Sprechzeiten und die Telefonnummer. Man ruft in der Praxis an und vereinbart einen Termin.
6. ☐ An Feiertagen, am Wochenende und nachts gibt es einen Apothekennotdienst. Dort kann man Medikamente bekommen.

b) Ärzte und Krankenversicherungen. Sprechen Sie im Kurs.

💬 Wo sind Sie versichert? / Bei welcher Krankenkasse sind Sie?

🗨 Ich bin bei der Barmer versichert. / Bei der … .

💬 Sind Sie zufrieden mit Ihrer Krankenkasse?

🗨 Ja. Ich bin sehr zufrieden. / Nein, ich suche eine neue Krankenkasse.

💬 Kennen Sie einen guten Hausarzt / Zahnarzt / Augenarzt?

🗨 Ja, Frau Dr. Mocker. Sie ist sehr gut. Möchten Sie ihre Telefonnummer haben?

💬 Waren Sie schon mal bei Dr. …?

🗨 Ja. / Nein, den kenne ich nicht.

2 Mein Kind ist krank

a) Was passt? Ergänzen Sie die Sätze.

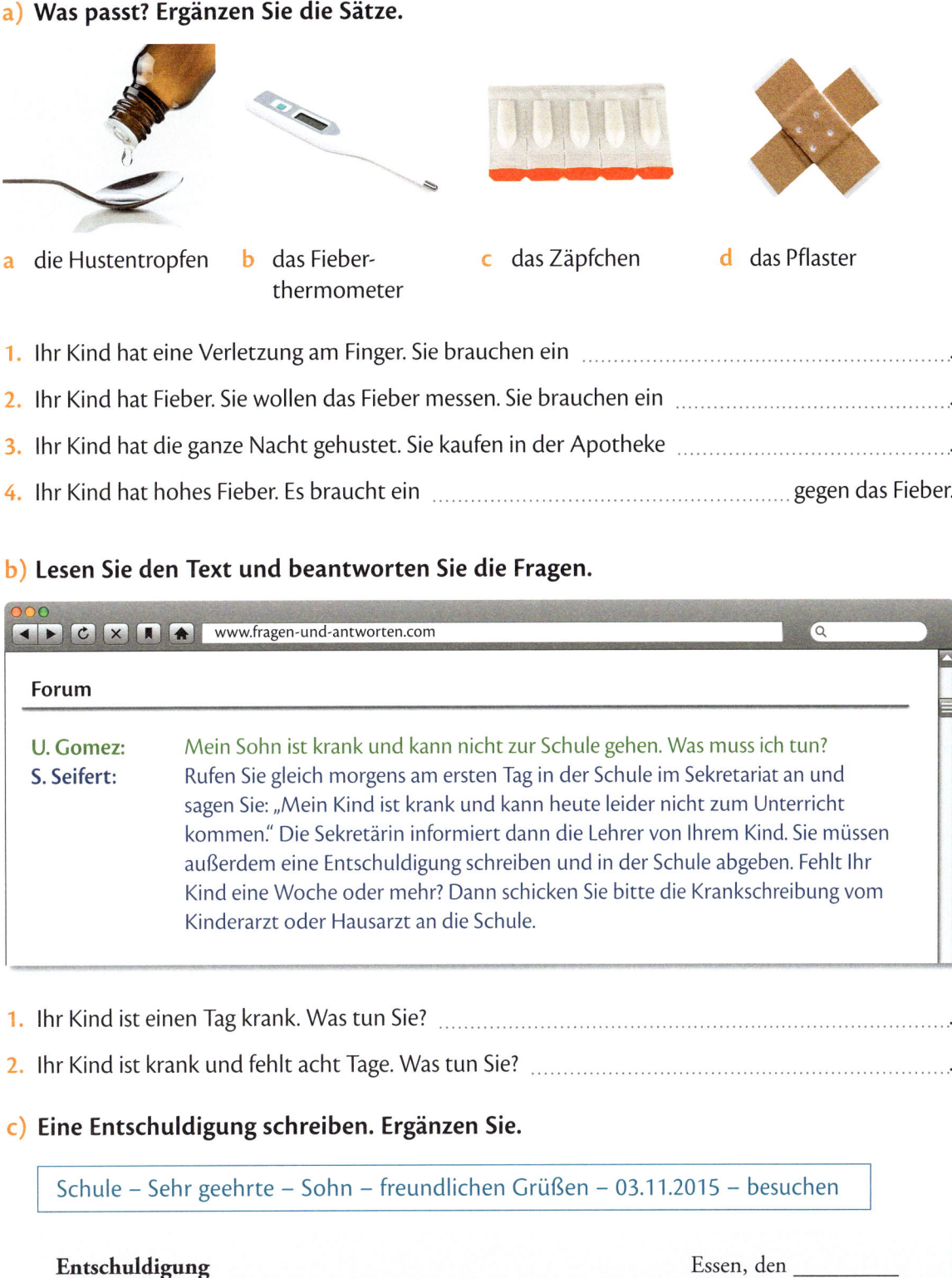

a die Hustentropfen   **b** das Fieber-thermometer   **c** das Zäpfchen   **d** das Pflaster

1. Ihr Kind hat eine Verletzung am Finger. Sie brauchen ein ....
2. Ihr Kind hat Fieber. Sie wollen das Fieber messen. Sie brauchen ein ....
3. Ihr Kind hat die ganze Nacht gehustet. Sie kaufen in der Apotheke ....
4. Ihr Kind hat hohes Fieber. Es braucht ein .... gegen das Fieber.

b) Lesen Sie den Text und beantworten Sie die Fragen.

```
● ● ●
◄ ► C X ▮ ⌂   www.fragen-und-antworten.com                      🔍
```

Forum

U. Gomez: Mein Sohn ist krank und kann nicht zur Schule gehen. Was muss ich tun?

S. Seifert: Rufen Sie gleich morgens am ersten Tag in der Schule im Sekretariat an und sagen Sie: „Mein Kind ist krank und kann heute leider nicht zum Unterricht kommen." Die Sekretärin informiert dann die Lehrer von Ihrem Kind. Sie müssen außerdem eine Entschuldigung schreiben und in der Schule abgeben. Fehlt Ihr Kind eine Woche oder mehr? Dann schicken Sie bitte die Krankschreibung vom Kinderarzt oder Hausarzt an die Schule.

1. Ihr Kind ist einen Tag krank. Was tun Sie? ....
2. Ihr Kind ist krank und fehlt acht Tage. Was tun Sie? ....

c) Eine Entschuldigung schreiben. Ergänzen Sie.

> Schule – Sehr geehrte – Sohn – freundlichen Grüßen – 03.11.2015 – besuchen

Entschuldigung   Essen, den _____

_____ Frau Sterling,

mein _____, Ikaros, hat Grippe. Er kann vom 03.11.15 bis 10.11.15 die _____ nicht _____ .

Mit _____

Grammatiki Koukidis

3 **Ämter und Behörden**

a) **Was passt zusammen? Ordnen Sie zu.**

1. ☐ Sie möchten heiraten.
2. ☐ Sie brauchen einen Kindergartenplatz für Ihr Kind.
3. ☐ Sie möchten Ihre Wohnung anmelden oder abmelden.
4. ☐ Sie möchten eine Steuernummer beantragen.
5. ☐ Sie möchten ein Auto anmelden oder abmelden.
6. ☐ Sie möchten eine Umschulung beantragen.

b) **Welche Verben passen? Kreuzen Sie an.**

	anmelden	abmelden	beantragen	bekommen	vereinbaren	ausfüllen
1. eine Umschulung	☐	☐	☐	☐	☐	☐
2. Kindergeld	☐	☐	☐	☐	☐	☐
3. ein Auto	☐	☐	☐	☐	☐	☐
4. eine Wohnung	☐	☐	☐	☐	☐	☐
5. einen Termin	☐	☐	☐	☐	☐	☐
6. Informationen	☐	☐	☐	☐	☐	☐
7. das Formular	☐	☐	☐	☐	☐	☐

c) **Komposita. Was passt zusammen? Ergänzen Sie die Komposita. Kontrollieren Sie dann mit der CD.**

51

Stelle – Erlaubnis – Vertrag – Versicherungsnummer – Schein – Pass – Abrechnung – Angehörigkeit – Erklärung – Geld – Ausweis – Meldeamt

1. die Aufenthalts........................
2. der Arbeits........................
3. der Reise........................
4. die Gehalts........................
5. der Führer........................
6. die Staats........................

7. die Steuer........................
8. die Sozial........................
9. der Personal........................
10. das Kinder........................
11. das Einwohner........................
12. die Zulassungs........................

studio [21]

Intensivtraining

mit Audio-CD
und Extraseiten
für Integrationskurse

A1

Deutsch als Zweitsprache

Lösungen

Start auf Deutsch

1

a) a: Hören Sie., b: Fragen Sie. – Antworten Sie. – Sprechen Sie., c: Schreiben Sie. – Ergänzen Sie. – Notieren Sie.

b) 2. Antworten, 3. Buchstabieren, 4. Notieren, 5. Fragen, 6. Hören, 7. Lesen, 8. Kreuzen, 9. Verbinden, 10. Markieren

c) b: 4, c: 9, d: 5, e: 8, f: 6, g: 2, h: 3, i: 10, j: 7

2

2. Fragen Sie., 3. Buchstabieren Sie. , 4. Antworten Sie.

3

a)

1. + Herr Yilmaz, wo wohnen Sie?
   – Ich wohne in Wiesbaden. Das ist bei Mainz. Und Sie, Frau Novak?
   + Ich wohne in Frankfurt.
2. + Frau Kim, woher kommen Sie?
   – Ich komme aus Korea. Und Sie, Herr Chan?
   + Ich komme aus Peking. Das ist in China.

Leben in Deutschland

1

a) 1. Wie, 2. Wie, 3. Woher, 4. Wo

2

b) Pizza, Kreditkarte, Restaurant, Tablette, Fußball, Zoo, Kindergarten, Auto, Sport, Bank, Tee, Fabrik, Bus, Konzert

3

Verkehr: Straße, Flughafen, Flugzeug, Bus, Ampel, Fahrrad, Taxi, Bahnhof, Autobahn, U-Bahn, Fahrkarte, …
Essen und Trinken: Hamburger, Eis, Cola, Tee, Döner, Brot, Bratwurst, Milch, Kaffee, …
Lernen und Schulsachen: Schüler, Heft, Übung, Schule, Deutschkurs, Buch, Kindergarten, Stift, Lehrer, …
Freizeit: Fernseher, Zoo, Urlaub, Theater, Kino, Restaurant, Café, Park, Sport, Fußball, Konzert, Museum, Stadion, Musik
Beruf und Arbeit: Taxifahrer, Koch, Büro, Werkstatt, Metzger, Friseurin, Lehrer, Altenpfleger, Verkäufer, …
Wohnen und Möbel: Bett, Herd, Regal, Schrank, Stuhl, Tisch, Sofa, …
Einkaufen und Geschäfte: Supermarkt, Kiosk, Bäckerei, Metzger, Kaufhaus, …
Gesundheit und Krankheit: Husten, Krankenhaus, Apotheke, Medikament, Tablette, Grippe, Fieber, Erkältung, …
Geld und Banken: Konto, Cent, Bank, Euro, Schalter, Kreditkarte, …

1 Kaffee oder Tee?

1

b) a: 2, b: 1, c: 3
c) 1. Woher, 2. Wo, 3. Wo, 4. Woher, 5. Was, 6. Was
d) 1. e, 2. f, 3. a, 4. b, 5. c, 6. d

2

1. 101 – 2. 16,70 – 3. 38 – 4. 74 36 82

3

1. 0171285476, 2. 202, 3. 0911 552119, 4. 8,40 Euro, 5. 6,80 Euro

4

bist, heiße, ist, kommst, komme, komme, Wohnst, wohne, Möchten, nehme, trinkst, nehme

5

1. wohnen, 2. heißen, 3. sammeln, 4. sortieren

6

1. Milchkaffee, 2. Rotwein, 3. Wasser, 4. Orangensaft, 5. Eistee, 6. Kakao

7

2. Das ist Rahul. Er kommt aus Indien und wohnt in Hamburg. Er ist im Fotografiekurs.
3. Das ist Ying Xie. Sie kommt aus China und wohnt in Dortmund. Sie ist im Computerkurs.
4. Das sind Paul und Jenny. Sie kommen aus England und wohnen in Bremen. Sie sind im Deutschkurs.

8

a) 2. Ich trinke Tee ohne Zucker., 3. Ich nehme Wasser mit Eis., 4. Ich übe Verben mit Wortakzent., 5. Ich schreibe das Wort „Tür" ohne „h".

9

a)

ich	bin	wir	sind
du	bist	ihr	seid
er/es/sie	ist	sie/Sie	sind

c) 1. ist – bin, 2. sind – Seid – sind – bist, 3. Ist – sind

10

ich	komme, heiße, wohne, habe
du	bist, kommst, sprichst
er/es/sie	ist, antwortet, sammelt
wir	nehmen, möchten, sind, zahlen
ihr	möchtet, antwortet, sammelt
sie/Sie	nehmen, möchten, sind, zahlen

1 Leben in Deutschland

1

a) 1. c, 2. a, 3. b, 4. d, 5. f, 6. e
b) 1. du, 2. Sie, 3. Sie

2

a) 1. b, 2. c, 3. d, 4. a

b) Kommen – Begrüßung: Hallo, Guten Tag, Guten Morgen, Grüß dich
Gehen – Verabschiedung: Auf Wiedersehen, Tschüss, Tschau

4

b) Tee

5

Vorschlag:
1. + Wie ... – Ich heiße Tanja Malinowski.
2. + Wo ... – Ich wohne in Weimar.
3. + Woher ... – Ich komme aus Polen.
4. + Wie ... – Sehr gut. Und Ihnen?
5. + Wie ... – Meine Telefonnummer ist 0173 640 85 43

2 Sprache im Kurs

1

a) 1. Karin – Nick – Jeff
   2. Stefan (– Lin Lin)
   3. Stefan – Akgün – Lin Lin – Jeff
   4. Karin – Lin Lin – Jeff
   5. Stefan – Akgün – Jeff
b) 1. Jeff, 2. Lin Lin, 3. Karin, 4. Akgün, 5. Nick

2

a) und b)
1. 2 Kein Problem. Die Frage ist: Woher kommt Frau Kim?
   (KL)
   1 Das verstehe ich nicht. Können Sie die Frage bitte
   wiederholen? (KT)
   3 Frau Kim? Keine Ahnung. (KT)
2. 4 Noch einmal: Das ist eine Brille. Die Brille. (KL)
   1 Wie heißt das auf Deutsch? (KT)
   3 Das verstehe ich nicht. Können Sie das bitte
   wiederholen? (KT)
   2 Das ist eine Brille. (KL)
3. 2 Können Sie das bitte buchstabieren? (KT)
   4 Können Sie das Wort bitte anschreiben? (KT)
   1 Das ist ein Wörterbuch. (KL)
   3 W-Ö-R-T-E-R-B-U-C-H. (KL)
   5 Na klar, gerne. (KL)
c) a: 4, b: 2, c: 3, d: 5, e: 1
d) 1. Ich habe eine Frage., 2. Können wir eine Pause machen?,
   3. Wie heißt der Plural von Stuhl?, 4. Das verstehe ich
   nicht., 5. Was ist das?

3

1. der Ordner, 2. der Tisch, 3. der Kuli, 4. das Handy,
5. der Becher, 7. der Stuhl

4

2. -e, 3. -er, 4. ¨-er, 5. -n, 6. -en, 7. -, 8. -s

5

1. das Brötchen – die Brötchen, 2. die Brille – die Brillen,
3. der Füller – die Füller, 4. die Lampe – die Lampen,
5. das Fahrrad – die Fahrräder, 6. der Becher – die Becher,
7. der Saft – die Säfte, 8. das Heft – die Hefte

6

1. die, 2. –, –, 3. ein – das, 4. ein – der, 5. ein – eine, 6. –, –

7

2. Da ist ein Tisch, aber keine Tafel, 3. Da ist ein Kuli, aber kein
Füller., 4. Da ist ein Handy, aber keine Tasche., 5. Da ist ein
Becher, aber kein Brötchen.

2 Leben in Deutschland

1

a) Vorname: Binka, Nachname: Blagowa, Straße /Hausnum-
mer: Moselstraße 29, Stadt: Frankfurt, Telefon-Nr.: 0170 483
44 68

2

a) 1h, 2a, 3i, 4b, 5g, 6c, 7e, 8d, 9f
b) Anrede: Herr, Nachname: Bluszcz, Familienstand: ledig,
Adresse: Zimmerstr. 34, 82234 Weßling, Telefon: 33 24 95 07

3 Städte – Länder – Sprachen

1

a) 2c, 3a, 4b
c) 1. Wer lernt Englisch?, 2. Woher kommen 2,5 Millionen
   Menschen?, 3. Was ist eine Muttersprache?

2

85 % Englisch, 33 % Französisch, 16 % Spanisch, 15 % Russisch,
10 % Italienisch

3

2. Paul kommt aus den USA, aber er lebt in England.
3. Albina kommt aus dem Iran, aber sie lebt in der Slowakei.
4. Antonio kommt aus der Schweiz, aber er lebt in den
Niederlanden.

4

G	U	J	Y	N	R	M	B	B	K	D	O	D	G	K
G	B	Y	U	O	U	G	E	O	K	F	P	O	D	R
Q	J	J	V	N	U	H	K	R	L	N	P	D	R	O
B	V	Y	N	K	B	E	R	L	I	N	B	U	E	X
E	H	A	N	N	O	V	E	R	I	V	R	M	S	A
R	M	R	Q	I	P	H	A	M	B	U	R	G	D	W
N	F	S	W	D	X	Q	D	J	X	W	X	G	E	B
K	P	V	V	Q	E	U	I	L	U	Z	E	R	N	C
J	D	S	V	J	Z	U	B	O	D	Q	J	A	Z	X
B	V	B	P	B	P	W	I	E	N	P	O	Z	Q	E

2. Wien, 3. Bern, 4. Hamburg, 5. Graz, 6. Hannover,
7. Dresden, 8. Luzern

5

a) 1. waren – warst, 2. bin – warst – war, 3. waren – war – Ist,
   4. war – War
b) 2. Fatih war schon mal in Bremen., 3. Herr Meier kommt
   aus Wien., 4. Thomas hat alle CDs von Yo-Yo Ma.

6

a) 2. sprecht, 3. sprechen – spreche – spricht, 4. sprichst –
   spreche, 5. sprechen
b)

ich	spreche	wir	sprechen
du	sprichst	ihr	sprecht
er/es/sie	spricht	sie/Sie	sprechen

7

a) 2. Woher, 3. Wo, 4. Wer, 5. Wo, 6. Was, 7. Wo, 8. Wie

b) 2d, 3e, 4g, 5h, 6a, 7c, 8b

c) 3. Lebt die Familie von Yijiang in Nordchina?, 4. Ist das Chantal?, 5. Liegt Wiesbaden in der Nähe von Frankfurt?, 6. Studiert Sarah Musik?, 7. Arbeitet Sam bei Opel?, 8. Geht's dir gut?

8

2. Wo wohnt ihr, Eva und Michael?

3. Herr Kim, kommen Sie aus China?

4. Laura, welche Sprachen sprichst du?

5. Herr und Frau Schiller, waren Sie gestern in Amsterdam?

6. Woher kommt ihr, Marisa und Antonio?

9

1. . – ?, 2. . – ? – ., 3. . – ? – ., 4. ? – .

3 Leben in Deutschland

2

a) Niedersachsen, Hannover, Schleswig-Holstein, Kiel, Hamburg, Berlin, Bremen, Mecklenburg-Vorpommern, Schwerin, Magdeburg, Sachsen-Anhalt, Potsdam, Brandenburg, Dresden, Sachsen, Erfurt, Thüringen

b) 2. Saarbrücken ist die Hauptstadt vom Saarland. Die Stadt liegt südlich von Trier., 3. Mainz ist die Hauptstadt von Rheinland-Pfalz. Die Stadt liegt südwestlich von Frankfurt., 4. Wiesbaden ist die Hauptstadt von Hessen. Wiesbaden liegt nordwestlich von Würzburg. , 5. Stuttgart ist die Hauptstadt von Baden-Württemberg. Die Stadt liegt nordöstlich von Freiburg., 6. München ist die Hauptstadt von Bayern. München liegt südöstlich von Augsburg., 7. Potsdam ist die Hauptstadt von Brandenburg. Die Stadt liegt südöstlich von Berlin.

c) 3, 1, 5, 2, 4

4 Menschen und Häuser

1

a) 1. richtig, 2. falsch, 3. richtig, 4. falsch, 5. falsch, 6. richtig

b) 1. Arifin, 2. Stefan, 3. Arifin, 4. Cem, 5. Florian

2

a) 2. laut, 3. klein, 4. dunkel, 5. hässlich, 6. langsam

b) 1. warm, 2. ruhig, 3. groß, 4. hell, 5. schön, 6. schnell

3

a) 2. falsch, 3. richtig, 4. falsch, 5. richtig, 6. falsch

b) 2. Die Gartenstraße ist leise., 4. Die Zimmer sind hell., 5. Die Wohnung ist teuer.

4

a) 2. n, 3. n, 4. Pl., 5. Pl., 7. f, 8. m

b) 2. unser, 3. mein, 4. eure, 5. deine, 6. ihr, 7. ihre, 8. Ihr

5

2. dein, 3. unsere, 4. ihr, 5. eure, 6. ihre, 7. Sein

6

1. eine (unbestimmt/Akkusativ), 2. einen (unbestimmt/Akkusativ), 3. Der (bestimmt/Nominativ), 4. die (bestimmt/Akkusativ), 5. das (bestimmt/Nominativ), 6. eine (unbestimmt/Akkusativ), 7. ein (unbestimmt/Akkusativ), 8. die (bestimmt/Akkusativ), 9. die (bestimmt/Nominativ), 10. einen (unbestimmt/Akkusativ), 11. das (bestimmt/Nominativ)

7

ein, einen, ein, ein, ein, ein, einen, einen, ein, ein, einen, ein, ein

8

a) 1. Susanne, 2. Bernd

b) 1. b, 2. c, 3. c, 4. a, 5. b, 6. c, 7. c, 8. a, 9. b

9

2. schläft, 3. schläfst, 4. Schlafen, 5. schlaft, 6. schlafen

ich	schlafe	wir	schlafen
du	schläfst	ihr	schlaft
er/es/sie	schläft	sie/Sie	schlafen

10

a – r – t – e – n

Lösungswort: Gartenstraße

4 Leben in Deutschland

1

a) 2h, 3f, 4e, 5i, 6c, 7a, 8b, 9d

b) 1. c, 2. b, 3. a

2

a) 1. b, 2. c, 3. d, 4. a

b) 1. Herr Blair liest Wohnungsanzeigen. 2. Er besichtigt eine Wohnung. 3. Er unterschreibt den Mietvertrag. 4. Er geht zum Einwohnermeldeamt.

3

a) 1. Nein, die Wohnung ist schon weg., 2. Die Wohnung hat vier Zimmer., 3. Die Wohnung ist 87 Quadratmeter groß., 4. Die Nebenkosten sind 224 Euro., 5. Die Warmmiete ist 690 Euro im Monat., 6. Herr Yildirim unterschreibt den Mietvertrag morgen.

b) *Vorschlag:*

+ Guten Tag, hier ist Claudia Müller, Müller Immobilien.

– Guten Tag mein Name ist Yasin Youssouf. Ich habe eine Frage: Ist die 2-Zimmer-Wohnung in der Bleistraße noch frei?

+ Nein, tut mir leid, die ist schon weg. Aber wir haben noch eine 2-Zimmer-Wohnung in der Mühlenstraße. Die ist auch sehr schön und sehr zentral.

– Wie groß ist die Wohnung?

+ 62 Quadratmeter.

– Und hat die Wohnung auch einen Balkon?

+ Ja, sie hat einen Balkon und einen Keller.

– Das ist gut. Wie hoch ist die Miete?

+ Die Wohnung kostet kalt 490 Euro pro Monat plus 120 Euro Nebenkosten.

Möchten Sie die Wohnung besichtigen?

– Ja, sehr gerne.

+ Gut. Können Sie morgen kommen?
– Ja, das geht.

5 Termine

1

a) halb sieben, sieben, Viertel nach sieben, fünf nach halb acht, acht, zwanzig nach eins, halb vier, Viertel nach sieben, halb elf, halb sieben

b) 2. 7.00, 3. 7.15, 4. 7.35, 5. 8.00, 6. 13.20, 7. 15.30, 8. 19.15, 9. 22.30

2

2b, 3a, 4h, 5f, 6d, 7g, 8e

3

a) a: 2, b: 3, c: 1, d: 4

b) 1. 7.00 Uhr, 2. 15.35 Uhr, 3. 9.00 Uhr, 4. 16.30 Uhr

4

a) 1. Gute Nacht!, 2. Guten Morgen!, 3. Guten Tag!, 4. Guten Tag!, 5. Guten Abend!

c) 1e, 2d, 3b, 4a, 5c, 6f

5

1.a, 2.a, 3.b, 4.a, 5.b

7

a) 1. an, 2. zu, 3. aus, 4. auf, 5. mit, 6. ein

b)

2. + Kaufst du ein?
  – Ja, ich kaufe ein.
  + Wo kaufst du ein?
  – Ich kaufe im Supermarkt ein.

3. + Gehst du aus?
  – Ja, ich gehe aus.
  + Wann gehst du aus?
  – Ich gehe am Wochenende aus.

4. + Fängst du an?
  – Ja, ich fange an.
  + Wann fängst du an?
  – Ich fange um neun Uhr an.

8

Lösungswort: Termine

9

2. Nein, er arbeitet heute nicht., 3. Morgen habe ich keine Zeit., 4. Ich möchte keine Cola., 5. Nein, wir können am nächsten Wochenende nicht., 6. Wir haben am Montag keinen Termin frei., 7. Nein, ich komme nicht mit.

10

a)

ich	hatte	*wir*	hatten
du	hattest	*ihr*	hattet
er/es/sie	hatte	*sie/Sie*	hatten

b) hatte, hatte, hatten, hatte, hatten, hatten, hatte, Hattest

11

1. war – Hattet – waren – wart – hatte – war – hatten,

2. warst – hatten – hatte – war – Hattest – hatte – War

5 Leben in Deutschland

1

a) *Vorschlag:*

Am Dienstag von neun bis eins hat Dana Deutschkurs. Um 15 Uhr hat sie einen Termin beim Finanzamt und um 19 Uhr geht sie mit Kai joggen. Am Mittwochvormittag von acht bis 13 Uhr arbeitet Dana im Supermarkt. Um halb drei hat sie einen Friseurtermin. Am Abend geht sie ins Kino. Am Donnerstagvormittag hat Dana Deutschunterricht und am Nachmittag lernt sie mit Larissa bis 17 Uhr. Um 18:30 Uhr ruft sie ihre Eltern an. Am Freitag arbeitet Dana von 13 bis 18:30 Uhr im Supermarkt. Am Abend geht sie mit Lara aus. Am Samstag hat Dana keine Termine. Sie kauft ein und räumt die Wohnung auf. Am Sonntag um 12 Uhr hat Dana eine Verabredung. Sie grillt mit Freunden im Park.

2

a) 1. Um sieben., 2. Um sieben., 3. Um sechs. 4. Von neun bis sechs., 5. Bis halb eins., 6. Nein, sonntags ist die Bäckerei geschlossen.

3

1. b, 2. c, 3. b, 4. c

6 Orientierung

1

a) 1a, 2d, 3b, 5c

b) 1c, 2b, 3b, 4a, 5c, 6b, 7b, 8a

2

K	E	R	F	F	A	N	T	O	R	L	A
S	T	R	A	S	S	E	N	B	A	H	N
A	L	E	Q	U	I	K	B	A	R	D	U
B	U	S	T	E	F	E	R	N	A	N	F
N	E	T	H	P	A	K	C	K	I	N	O
M	B	A	H	N	H	O	F	I	D	A	P
J	S	U	R	S	R	S	C	H	U	L	E
I	S	R	N	E	R	E	D	N	U	T	R
O	R	A	S	T	A	L	E	O	N	E	U
K	E	N	G	A	D	I	T	R	T	L	N
T	N	T	A	E	G	H	U	N	K	P	G

1. Straßenbahn – Restaurant – Fahrrad
2. Bus – Schule – Oper – Bahnhof

3

a) 2, 3, 4, 5

b) 2. mit dem Zug, 3. mit dem Bus, 4. mit dem Auto, 5. mit dem Zug

4

neunten Sechsten, sechzehnten Sechsten, zweiten Siebten, dritten Siebten, siebten Siebten, vierzehnten Siebten, ersten Achten

5

1. vor der, 2. im, 3. im – Neben, 4. Im – an der

6

2. In der vierten Etage links, 3. in der ersten Etage, 4. in der dritten Etage links, 5. in der vierten Etage rechts, 6. in der zweiten Etage links

7

2. im Sprachkurs, 3. im Sekretariat / im Büro, 4. im Kino, 5. in der Küche, 6. in der Bibliothek

9

a) In, in, in, zwischen, im, unter, neben, Im, In, unter, neben, unter
b) b: Kurs A2, c: Kurs A1, d: Kantine, e: Treppenhaus, f: Sekretariat, g: Videoraum, h: Lesezimmer, i: Projektgalerie

6 Leben in Deutschland

1

a) 14 – die Post, 9 – der Marktplatz, 19 – der Sportplatz, 3 – der Bahnhof, 15 – das Kino, 16 – der Park und der Spielplatz, 4 – die Schule, 7 – das Café, 10 – das Rathaus, 17 – die Bibliothek, 1 – das Theater, 5 – der Supermarkt, 21 – das Krankenhaus, 11 – die Kirche, 2 – das Hotel, 13 – die Polizei, 8 – die Bushaltestelle, 20 – das Schwimmbad, 18 – die Toiletten, 12 – die Apotheke, 22 – der Zoo

c) 2f, 3e, 4c, 5a, 6b

2

a) 1. das Dachgeschoss, 2. der 2. Stock, 3. das Treppenhaus, 4. der Aufzug, 5. der 1. Stock, 6. der Balkon, 7. das Fenster, 8. das Erdgeschoss, 9. der Briefkasten, 10. die Klingel, 11. die Tür, 12. der Fahrradständer, 13. die Mülltonne, 14. der Hof, 15. der Garten, 16. der Keller, 17. der Parkplatz in der Tiefgarage

b) 1. sehr schön, 2. zweiten Stock links, 3. 82, 4. ersten Stock links, 5. Erdgeschoss, 6. Neben, 7. Garten, 8. Parkplätze

7 Berufe

1

Sabine, Monika, Stefanie, Ralf und Helga arbeiten auch am Wochenende.
Sabine, Marion, Monika, Stefanie und Carsten interessieren sich für Technik.
Sabine und Monika sind beruflich oft im Ausland.
Marion und Stefanie reparieren etwas.
Marion, Monika, Stefanie und Helga sind Chefinnen.

2

a) a: 5, b: 1, c: 2, d: 4, e: 6, f: 3

b) 1. In der Werkstatt., 2. Beim Friseur., 3. Im Taxi., 4. Im Büro., 5. Im Krankenhaus., 6. Im Café.

3

a) 2c, 3d, 4b, 5e, 6a
b) 2. Schuhverkäufer verkaufen Schuhe in einem Schuhgeschäft.
3. Lehrer unterrichten Deutsch in einer Schule.
4. Ärzte untersuchen Patienten in einem Krankenhaus.
5. Kfz-Mechatroniker reparieren Autos in einer Werkstatt.
6. Friseure schneiden Haare in einem Friseursalon.

4

a) 2. Papierkorb, 3. Ordner, 4. Pflanze, 5. Drucker, 6. Bild
b) 3. Büro

5

1. Redakteurin, Bonn, Zeitung, Marktstraße
2. Programmiererin, 10-17 Uhr, Michael, Frankfurt

6

a) arbeiten, verkaufen, beraten, aufstehen, einkaufen, bringen
b) Erkan muss jeden Montag und Donnerstag sehr früh aufstehen.

7

können, kann, muss, Musst, kannst, kann, muss, können

ich	kann	muss
du	kannst	musst
er/es/sie	kann	muss
wir	können	müssen
ihr	könnt	müsst
sie/Sie	können	müssen

8

Arbeitslosigkeit, arbeitslos, Arbeit, Arbeitsagentur, Arbeitsmarkt

9

a) Frau Lim kann: Chinesisch, Deutsch und Englisch sprechen, Termine machen, Kunden beraten, auch am Wochenende arbeiten, einen Kurs besuchen und am ersten Juni anfangen.
b) 1. Sie muss viel telefonieren.
2. Sie muss am Wochenende arbeiten.
3. Sie muss einen Kurs besuchen.

10

2. Sein (das), 3. ihr (der), 4. meine (die), 5. Euer (das), 6. ihre (die)

11

1. eine (die), 2. ihren (der), 3. unseren (der), 4. ein (das), 6. eine (die), 7. deinen (der), 8. meine (die)

12

2. Sabine mag ihre Chefin nicht.
3. Herr Lehmann bringt sein Auto in die Werkstatt.
4. Wie lange kennst du deine Kundinnen?
5. Sie haben am Montag Ihren Termin bei der

Arbeitsagentur.
6. Unsere Direktorin unterrichtet einen Biologiekurs.

13
1. arbeite, 2. arbeitest, 3. arbeitet, 4. Arbeitet, 5. arbeiten, 7. arbeiten, 8. arbeiten

7 Leben in Deutschland

1
a) 3. der Sekretär / die Sekretärin, 4. der Florist / die Floristin, 5. der Kfz-Mechaniker / die Kfz-Mechanikerin, der Mechatroniker / die Mechatronikerin, 6. der Verkäufer / die Verkäuferin, 7. der Friseur / die Friseurin, 8. der Deutschlehrer / die Deutschlehrerin, 9. der Arzt / die Ärztin, der Krankenpfleger / die Krankenschwester, 10. der Koch / die Köchin

b) 1. Altenpflegehelfer, 2. Verkäuferin, 3. Sekretärin, 4. Kfz-Mechaniker / Mechatroniker, 5. Koch, 6. Floristin

c) 2d, 3f, 4e, 5b, 6a

2
Vorschlag:
Ich bin seit vier Jahren Krankenschwester von Beruf. Meine Arbeit macht mit sehr viel Spaß. Ich arbeite manchmal am Wochenende. In meinem Beruf muss ich auch nachts arbeiten und ich muss mit vielen Leuten zusammenarbeiten.

Ich möchte Sport- und Fitnesskaufmann werden. Die Arbeit finde ich interessant.
Ich arbeite gerne mit Menschen und ich mag Sport sehr gern. In dem Beruf muss ich manchmal auch am Wochenende arbeiten.

3
a) 1. Pflegehelfer, 2. Taxifahrer, 3. Koch/Köchin, 4. Programmier/in

b) Anzeige 1
Beruf: Pflegehelfer/in, Firma: AWO Kreisverband Main-Taunus, Adresse: Arbeiterwohlfahrt Kreisverband Main-Taunus e. V., Frau Sabine Köstler, Schulstraße 13, 65759 Hattersheim, E-Mail: awo.main-taunus@gmx.de, Arbeitszeit: 40 Stunden pro Woche, auch Wochenend- und Nachtarbeit
Anzeige 2
Beruf: Taxifahrer/in, Firma: Reisedienst Schweiger, Adresse: Linkenstraße 12, 65719 Hofheim am Taunus, Telefon: 06192/155355, Arbeitszeit: am Wochenende und nachts
Anzeige 3
Beruf: Koch/Köchin, Firma: Pizzeria Romana, Adresse: (Main-Taunus-Zentrum, Sulzbach Taunus), Telefon: 069/317 435 91, Arbeitszeit: 5 Tage die Woche, 10-18 Uhr
Anzeige 4
Beruf: Programmierer/in, Firma: ABC-Software, Adresse: -, E-Mail: j.kindler@abc-software.de, Arbeitszeit: Vollzeit (ungefähr 40 Stunden), flexible Arbeitszeit

8 Münster sehen

1
2. falsch, 3. richtig (Zeile 5), 4. richtig (Zeile 16), 5. falsch, 6. falsch, 7. richtig (Zeile 19), 8. falsch, 9. richtig (Zeile 30), 10. richtig (Zeile 28-29)

2
2. Speisekarte, 3. Kirche, 4. Fußgängerzone, 5. U-Bahn, 6. Ampel, 7. Fahrrad

3
2. haben, 3. suchen – nehmen – fahren, 4. planen – machen, 5. machen – suchen – haben, 6. suchen – kaufen – haben – nehmen, 7. suchen – besichtigen – besuchen, 8. planen – machen, 9. planen – machen – suchen – schreiben – haben, 10. planen – machen

4
2. Er ist unter dem Bett., 3. Er ist auf dem Koffer., 4. Er ist zwischen den Büchern., 5. Er ist an der Wand., 6. Er ist vor dem Fernseher., 7. Er ist neben dem Geld.

5
1b, 2b, 3c, 4c, 5a

6
2. Wohin, 3. Woher, 4. Wo, 5. Wohin, 6. Wo, 7. Wo, 8. Woher, 9. Wo

7

ich	will	wir	wollen
du	willst	ihr	wollt
er/es/sie	will	sie/Sie	wollen

2. will, 3. wollt, 4. willst, 5. will, 6. wollen

8
1. muss, 2. Könnt, 3. will, 4. Können, 5. will – muss, 6. Kannst/Willst, 7. muss – kann

9
a) *Dialog 1:* Stadtpark, geradeaus, dritte, rechts
Dialog 2: Bank, in, über den, bis, Kürschnerweg, rechts, erste
Dialog 3: rechts, am, vorbei, über, Parkhaus, in, rechts
b) 1c, 2b, 3a
c) *Vorschlag:*
+ Entschuldigung, ich suche das Kino.
– Das Kino? Das ist in der Salzstraße. Gehen Sie zuerst die Schillerstraße entlang. Dann gehen Sie links den Kürschnerweg entlang. Gehen Sie danach links. Das Kino ist dann rechts.

8 Leben in Deutschland

2
a) Notrufzentrale – Autounfall – verletzt – dringend – Notarzt – warte

b) Vorschlag:

Situation 1:
+ Notrufzentrale.
- Mein Name ist ... In der Bergstraße 15 gibt
es ein Feuer in einem Wohnhaus im zweiten Stock.
+ Sind Personen in dem Haus?
- Ich weiß nicht. Man sieht keine Personen, nur das Feuer.
+ Ich schicke sofort die Feuerwehr.
- Ja, gut, ich warte hier.

Situation 2:
+ Notrufzentrale.
- Ich heiße ... Wir brauchen einen Rettungswagen. Ein alter
Mann liegt auf der Straße. Er hat Schmerzen in der Brust
und kann nicht sprechen.
+ Okay. Wo sind Sie?
- In der Bahnhofstraße vor der Post.
+ Gut, ich schicke sofort einen Notarzt. Bitte warten Sie bei
dem Mann.
- Ja, das mache ich.

Situation 3:
+ Notrufzentrale.
- Mein Name ist ... In der Schillstraße Ecke Bleistraße hatte ei-
ne Frau einen Fahrradunfall. Sie braucht einen Arzt.
+ Ich verstehe. Es gibt eine Verletzte, richtig?
- Ja, eine Frau. Sie hat Schmerzen am Bein und kann nicht
laufen.
+ Gut, vielen Dank. Der Rettungswagen kommt gleich. Bitte
warten Sie dort.
- Ja, in Ordnung.

9 Ab in den Urlaub

1

1. Zürich, 2. München, 3. Wien, 4. Hamburg

2

senkrecht: 1. Berge, 2. Besichtigung, 4. -ferien, 5. Hotel,
8. Fotos, 9. Radtour
waagerecht: 6. Wetter, 7. -reiseziel, 10. Bus, 11. Strand

3

a) abholen: +, er holt ... ab, er hat abgeholt
anfangen: +, er fängt an, er hat angefangen
ankomen: +, er kommt an, er ist angekommen
anrufen: +, er ruft ... an, er hat angerufen
besichtigen: –, er besichtigt, er hat besichtigt
bestellen: –, er bestellt, er hat bestellt
besuchen: –, er besucht, er hat besucht
einkaufen: +, er kauft ... ein, er hat eingekauft
einpacken: +, er packt ... ein, er hat eingepackt
(sich) entscheiden: –, er entscheidet (sich), er hat (sich)
entschieden
frühstücken: –, er frühstückt, er hat gefrühstückt
stattfinden: +, er findet ... statt, er hat stattgefunden
übernachten: –, er übernachtet, er hat übernachtet
b) stattgefunden, entschieden, eingekauft, gefrühstückt,
eingepackt, angerufen, bestellt, abgeholt, angekommen,
übernachtet, besichtigt

4

a) Isabel hat am Montag die Stadtpläne von Rom und Neapel gekauft. Am Mittwoch hat sie ihren Urlaub genommen und ein Buch über das alte Rom gelesen. Am
Donnerstag hat sie den Hund zu Mario gebracht.
Michael hat am Montag das Hotelzimmer in Rom reserviert. Er hat am Mittwoch das Auto kontrolliert und die
Fahrt nach Neapel geplant. Am Donnerstag hat er die
Koffer gepackt.
b) Er hat kein Hotelzimmer in Neapel reserviert.

5

Ist, ist, hat, sind, Habt, sind, Seid, ist, habe

ich	habe	bin
du	hast	bist
er/es/sie	hat	ist
wir	haben	sind
ihr	habt	seid
sie/Sie	haben	sind

6

2. bist, 3. ist, 4. ist, 5. hat, 6. sind, 7. seid, 8. ist, 9. sind, 10. hat

7

2. Gudrun ist am Sonntag spazieren gegangen., 3. Die Waschmaschine hat am Wochenende nicht funktioniert.,
4. Hannes hat letzte Woche eine Postkarte von Lisa aus Wien
bekommen., 5. Hast du letztes Jahr alle Urlaubstage genommen?, 6. Axel ist gestern in Hamburg angekommen., 7. Volker
hat um halb zehn gefrühstückt., 8. Ich bin gestern den ganzen Tag im Bett geblieben.

8

a) 1b, 2e, 3d, 5h, 6g, 7a, 8f

9

in, im, Um, nach, an, in, vom, zur

9 Leben in Deutschland

1

a) 1. c, 2. f, 3. a, 4. e, 5. d, 6. b

b) 1. Der Mann fährt nach Dresden., 2. Der Zug fährt um
10:09 Uhr in München ab., 3. Die Fahrkarte kostet mit Bahn-
Card50 55,50 Euro. 4. Der Mann zahlt mit Kreditkarte.

2

a) 1. der Intercity-Express (ICE), 2. der Regionalzug, 3. die
S-Bahn

b) 1. Der RE 3413 ist um 12:30 Uhr in Pegnitz., 2. Der ICE 529
fährt um 12:02 Uhr ab., 3. Die S-Bahn nach Roth fährt von
Gleis 21 ab.

c) *Vorschlag:*
+ Wann kommt die S-Bahn in Büchenbach an? – Um 12:27
Uhr.
– Von welchem Gleis fährt der ICE nach München ab? + Von
Gleis 9.

+ Wann fährt der Regionalexpress nach Bayreuth ab? – Um 11:48 Uhr.

3
a) 1. c, 2. a, 3. e, 4. d, 5. b
b) 1. richtig, 2. falsch, 3. falsch, 4. falsch, 5. richtig

4
a) 1. b, 2. a, 3. c
b) 1. Vater, 2. Bruder, 3. Tochter, 4. Oma, 5. Enkelin, Enkel

5
a) 1. d, 2. c, 3. b, 4. e, 5. f, 6. a

b) Sebastian Blaga ist 1975 in Bukarest geboren. Er ist in Bukarest zur Schule gegangen. Er hat von 1996 bis 2000 an der Universität Bukarest Informatik studiert. Er hat als Programmierer gearbeitet und heute hat er eine Computerfirma. Herr Blaga ist seit 2012 verheiratet und er hat eine Tochter.

c) *Vorschlag:*
Ich bin 1985 in Sarajevo geboren. Ich habe zwei Geschwister: einen Bruder und eine Schwester. Meine Eltern sind beide Lehrer. Ich bin von 1992 bis 2002 in Sarajevo zur Schule gegangen. Von 2002 bis 2005 habe ich eine Ausbildung als Altenpflegerin gemacht. Bis 2012 habe ich in einem Altenheim gearbeitet. 2012 habe ich Daniel, meinen Mann, kennengelernt. Er ist Deutscher, er hat aber von 2012 bis 2013 in Sarajevo gearbeitet. 2013 haben wir geheiratet und im Oktober 2014 sind wir zusammen nach Deutschland gegangen. Jetzt mache ich einen Deutschkurs und dann möchte ich als Altenpflegerin arbeiten.

10 Essen und trinken

1
1b, 2c, 3c, 4a

2
2. Apfel (Obst), 3. Erdbeere (Obst), 4. Gurke (Gemüse), 5. Paprika (Gemüse), 6. Tomate (Gemüse), 7. Orange (Obst), 8. (Gemüse), 9. Banane (Obst)

3
Zucker: die Sahne, die Erdbeere, die Schokolade, das Eis, der Orangensaft, der Kaffee, die Marmelade, der Kuchen
Salz: die Kartoffel, das Ei, die Nudel, der Käse, die Tomate, die Wurst, der Schinken, das Hähnchen, die Paprika, der Fisch, die Pommes

4
a) 1. eine, 2. ein, 3. ein, 4. ein, 5. eine, 6. ein
b) 1. Sauerkraut, 3. Butter, 4. Saft, 5. Ketchup, 6. Sahne

5
b, a, b, c, a, c, a

6
a) Weißbrot, Schinken, Zwiebeln, Tomaten, Bergkäse, Apfelkuchen

b) *Bäckerei* 1 Weißbrot – 4 Stück Apfelkuchen, *Fleischerei* 150 g Schinken, *Obst & Gemüse* 500 g Tomaten, *Käsespezialitäten* 150 g Bergkäse
c) 1. 6,70 €, 2. 2,85 €, 3. 3,60 €, 4. 2,30 €

7
+ Sind die Erdbeeren frisch?
– Ja, die sind frisch.
+ Darf ich eine probieren?
– Gern, wie viele möchten Sie?
+ Was kostet ein Kilo?
– Das Kilo kostet 3,98 Euro.
+ Geben Sie mir zwei Kilo.

8
2. Welches Kind?, 3. Welcher Mann?, 4. Welche Bücher?, 5. Welche Nachbarin?, 6. Welchen Termin?, 7. Welche Stühle?, 8. Welches Brot?

9
2. Magst, 3. mag, 4. mögen, 5. mag, 6. mögen

ich	mag	wir	mögen
du	magst	ihr	mögt
er/es/sie	mag	sie/Sie	mögen

10
a) am besten, besser, als, gut
b) viel, mehr, mehr, als, Am meisten
c) am liebsten/gern, gern, gern, lieber

11
Imke: 1. Pommes, 3. Eis, 4. Paprika
Marit: 1. Schokolade, 2. Eis, 3. Nudeln, 4. Tomaten

12
kochen, schneiden, Tomaten, schneiden, Fisch, geben, Salz, backen, verrühren

10 Leben in Deutschland

1
a) 1. g, 2. a, 3. j, 4. k, 5. c, 6. f., 7. e, 8. b, 9. i, 10. d, 11. h, 12. l
b) 1. richtig, 2. falsch, 3. falsch, 4. falsch

2
a) 1. c, 2. a, 3. b
b) 1. frei, 2. bestellen, hätte gern, möchten, 3. reserviert, 4. Rechnung, getrennt oder zusammen

3
1. c, 2. b, 3. a, 4. d

11 Kleidung und Wetter

1
a) Einkäuferin
b) 1a, 2b, 3b, 4c, 5b

2

gelb, blau, rot

3

2. modische Mäntel – bunte Krawatten, 3. helle Stiefel – dunkelrote Mäntel, 4. eine sportliche Jacke – ein buntes T-Shirt, 5. blaue Anzüge – warme Stiefel, 6. einen kurzen Rock – ein dunkles Abendkleid

4

1. Michael – Hose – Jacke, 2. Birgit – Rock – T-Shirt – Stiefel, 3. Robert – Mantel – Pullover, 4. Monika – Kleid – Schuhe, 5. Peter – Anzug – Hemd – Krawatte

5

zu lang, zu bunt, zu kurz, zu groß, zu hell, zu teuer

6

2. – (Pl.), 3. einen (Sg.), 4. einen (Sg.), 5. einen (Sg.), 6. – (Pl.), 7. – (Pl.), 8. eine (Sg.), 9. einen (Sg.), 10. eine (Sg.)

7

ein rotes T-Shirt, einen grünen Pullover, eine bunte Regenjacke, ein süßes Kleid, einen gelben Kapuzenpullover, eine kurze Hose

8

a) *von links nach rechts:* Marie, Laura, Lotta
b) 1. ein weißes T-Shirt, 2. ein buntes Kleid, 3. eine schwarze Jeans – eine helle Bluse
c) eine blaue Hose, einen roten Pullover

9

2. Ruth trägt eine dunkle Hose., 3. Ruth hat lange Haare., 4. Ruth mag kleine Autos., 5. Ruth hat einen alten Computer.

10

1. Welches – dieses, 2. diese – Welche, 3. Diesen – Welchen – dieser – Welcher

11

von oben nach unten: 3 – 1 – 7 – 5 – 9 – 2 – 6 – 4 – 8

12

warm, windig, Regen, kalt, bewölkt, geschneit, Schnee, Wolken, sonnig, geregnet, Wetter

11 Leben in Deutschland

1

a) 1. b, 2. c, 3. a
b) 1. Der Mann kauft Schuhe gerne im Kaufhaus., 2. Sie möchte die Kleider erst anprobieren., 3. Sie kauft Bücher und DVDs oft im Internet.

2

1. b, 2. e, 3. g, 4. d, 5. a, 6. g, 7. c, 8. j, 9. f, 10. h

3

a) 3. Ich gehe ins Reisebüro, im Erdgeschoss links., 4. Joggingschuhe gibt es im 3. OG links, in der Abteilung Sportschuhe.

5. Das Papier kaufe ich in der Schreibwarenabteilung im Erdgeschoss oder in der Elektrogeräteabteilung im 2. Obergeschoss., 6. Ich gehe in die Elektrogeräteabteilung im 2. Obergeschoss rechts., 7. Ich gehe in das Café im 4. OG., 8. Die Gläser kaufe ich in der Haushaltwarenabteilung im 2. OG links., 9. Den Anzug bekomme ich im 1. OG rechts, in der Abteilung Herrenbekleidung., 10. Toiletten gibt es im 4. OG rechts oder im UG rechts.

b) *Vorschlag:*
+ Entschuldigung wo bekomme ich eine Briefmarke? – Im Erdgeschoss links bei der Post.
– Entschuldigen Sie, ich möchte ein Radio kaufen. + Im 2. OG rechts ist die Elektrogeräteabteilung. Dort bekommen Sie ein Radio.
+ Entschuldigung, wo bekomme ich einen Füller? + In der Schreibwarenabteilung, im Erdgeschoss links.
– Entschuldigung, ich suche eine Pfanne. +In der Haushaltwarenabeilung, im 2. OG links, gibt es Pfannen.

einen Fußball? – 3. OG links, in der Sportgeräte - oder Spielwarenabteilung; einen Wecker? – in der Abteilung Uhren und Schmuck, EG links; eine Fernsehzeitschrift? – im UG rechts; Zigaretten? – im UG links; einen Rock? – in der Abteilung Damenbekleidung, 1. OG links; ein Wörterbuch? – im EG rechts, in der Abteilung Bücher; Obst? – im Bio-Markt, im 1. UG links

12 Körper und Gesundheit

1

a) 2, 5, 6, 8, 9

2

senkrecht: 2. Finger, 3. Nase, 4. Hand, 5. Kopf, 6. Bauch
waagerecht: 1. Fuß (Fuss), 2. Ohr, 3. Mund, 4. Knie, 5. Bein, 6. Auge, 7. Hals

3

1. Nase, 2. Fieber, 3. Hals – Erkältung, 4. Bauchschmerzen, 5. Kopfschmerzen

4

a) 1c, 2d, 3b, 4a
b) *der:* Krankenpfleger, Krankenpfleger – Arzttermin, Arzttermine – Arztbesuch, Arztbesuche – Gesundheitstipp, Gesundheitstipps – Sportplatz, Sportplätze
das: Krankenhaus, Krankenhäuser – Gesundheitsproblem, Gesundheitsprobleme – Sportgerät, Sportgeräte
die: Arztpraxis, Arztpraxen – Gesundheitsberatung, Gesundheitsberatungen – Sportart, Sportarten

5

a) 1. *Anmeldung in der Arztpraxis:* 2b, 3a, 4b, 5a
2. *Im Sprechzimmer:* 1b, 2a, 3a, 4b, 5a

6

a) *Dialog A:* a, h, f, d
Dialog B: c, e, i, g, b

7

du: Iss öfter Fisch.

ihr: trinkt – Trinkt jeden Tag einen Liter Wasser.

Sie: nehmen – Nehmen Sie weniger Salz.

8

a) 2

b) 2. Lauf früh am Morgen!, 3. Nimm Getränke mit!,
4. Iss viel frisches Obst!, 5. Dusch vor dem Training kalt!

9

a) 2. Sieh nicht so viel fern!, 3. Geht öfter mal zu Fuß!, 4. Iss
mehr Gemüse!, 5. Trinken Sie nicht so viel Alkohol!,
6. Nehmt nicht so viel Zucker!

b)

ich	darf	*wir*	dürfen
du	darfst	*ihr*	dürft
er/es/sie	darf	*sie/Sie*	dürfen

10

2. muss, 3. dürft, 4. Darfst, 5. muss, 6. musst, 7. darf, 8. darf, 9.
müsst

11

a)

Nominativ	Akkusativ
ich	mich
du	dich
er/es/sie	ihn/es/sie
wir	uns
ihr	euch
sie/Sie	sie/Sie

b) dich (Akk.), wir (Nom.), Du (Nom.), ich (Nom.), Ihr
(Nom.), ihn (Akk.), euch (Akk.), er (Nom.), Er (Nom.),
du (Nom.), du (Nom.), sie (Akk.), uns (Akk.)

12 Leben in Deutschland

1

a) 1. e, 2. f, 3. c, 4. b, 5. a, 6. d

2

a) 1. d, 2. b, 3. a, 4. c

b) 1. Ich rufe gleich morgens in der Schule an und entschuldige mein Kind. Außerdem schreibe ich eine Entschuldigung
und gebe sie in der Schule ab.
2. Ich rufe gleich morgens in der Schule an und entschuldige
mein Kind. Außerdem gebe ich eine Krankschreibung vom
Kinderarzt in der Schule ab.

c) Sehr geehrte, Sohn, Schule, besuchen, freundlichen
Grüßen

3

a) 1. b, 2. a, 3. d, 4. c, 5. e, 6. f

b) 1. beantragen, bekommen, 2. beantragen, bekommen,
3. anmelden, abmelden, bekommen, 4. anmelden, abmelden,

bekommen, 5. bekommen, vereinbaren, 6. bekommen, bekommen, ausfüllen

c) 1. die Aufenthaltserlaubnis, 2. der Arbeitsvertrag, 3. der
Reisepass, 4. die Gehaltsabrechnung, 5. der Führerschein, 6.
die Staatsangehörigkeit, 7. die Steuererklärung, 8. die Sozial-
versicherung, 9. der Personalausweis, 10. das Kindergeld, 11.
das Einwohnermeldeamt, 12. die Zulassungsstelle

4

a) 1b, 2e, 3c, 4a, 5f, 6d

b) Straße, Hausnummer: Richardstraße 44; Gemeinde: Dortmund; Vermieter: DEGEWO, Die Wohnung ist: Hauptwohnung; , Familienname: Yildirim; Familienstand: verheiratet;
Geschlecht: männl.; berufstätig: ja; Staatsangehörigkeit:
Türkisch

5

anmelden, Reisepass, Fahrzeugschein, Versicherungsbestätigung, Nummernschild, Gebühr

4 **Beim Einwohnermeldeamt**

a) **Informationen in Formularen verstehen. Was passt zusammen? Verbinden Sie.**

Herr Yildirim ist verheiratet. **1**   **a** Das ist seine Gemeinde.

Er arbeitet in einem Krankenhaus. **2**   **b** Das ist sein Familienstand.

Herr Yildirim kommt aus der Türkei. **3**   **c** Seine Staatsangehörigkeit ist

Er hat einen türkischen Pass.   Türkisch.

Er wohnt jetzt in Dortmund. **4**   **d** Das ist seine Hauptwohnung.

Er mietet eine Wohnung. **5**   **e** Er ist berufstätig.

Seine Wohnung ist in der Richardstraße 44. **6**   **f** Der Vermieter ist die DEGEWO.

Er hat keine andere Wohnung

b) **Sammeln Sie Informationen aus 4a) und ergänzen Sie das Formular.**

ANMELDEBESTÄTIGUNG

Neue Wohnung		Alte Wohnung	
Tag des Einzugs *01.10.2014*		Straße, Hausnummer *Robertstr. 17*	
Straße, Hausnummer		Gemeinde *Dortmund*	
Gemeinde			
Vermieter			
Die Wohnung ist:	Hauptwohnung	Nebenwohnung	
Familienname	Vorname *Mete*	männl.	Geburtsdatum *03.05.81*
		weibl.	
Geburtsort *Adana/Türkei*	Familienstand	berufstätig	Staatsangehörigkeit
		ja nein	

5 **Die Kfz-Zulassung. Ergänzen Sie.**

der Fahrzeugschein   das Nummerschild

anmelden – Fahrzeugschein – Gebühr – Nummernschild –
Reisepass – Versicherungsbestätigung

Sie wollen Ihr Auto .... oder ummelden? Dann müssen Sie Ihren Personalausweis

oder .... und den .... zur Kfz-Zulassungsstelle mitbringen. Sie brauchen

auch eine elektronische .... (eVB). Von der Zulassungsbehörde

bekommen Sie das Kfz-Kennzeichen für Ihr .... Sie müssen für die Zulassung eine

.... von circa 30 Euro zahlen.

Hörtexte

Hier finden Sie alle Hörtexte, die nicht oder nicht komplett in den Einheiten abgedruckt sind.

Start auf Deutsch

1 b)

1. Ergänzen Sie. – 2. Antworten Sie. – 3. Buchstabieren Sie die Namen. – 4. Notieren Sie. – 5. Fragen Sie. – 6. Hören Sie den Dialog. – 7. Lesen Sie den Text. – 8. Kreuzen Sie an. – 9. Verbinden Sie. – 10. Markieren Sie.

Start Leben in Deutschland

2 b)

Pizza, Kreditkarte, Restaurant, Tablette, Fußball, Zoo, Kindergarten, Auto, Sport, Bank, Tee, Fabrik, Bus, Konzert

1 Kaffee oder Tee?

3

1. + Frau Meier, wie ist Ihre Telefonnummer?
   – Das ist die 0 1 7 1 2 8 5 4 7 6.
   + Also 0 1 7 1 2 8 5 4 7 6?
   – Ja, das ist richtig.
2. + Yingjie, wie ist die Nummer von deinem Deutschkurs?
   – Der Kurs hat die Nummer 202.
   + 212?
   – Nein 202, das schreibt man zwei null zwei.
   + Gut. Danke.
3. + Tom, hast du die Nummer von Lisa?
   – Ja, Moment. Das ist die 0911 für Nürnberg.
   + 0911?
   – Ja. Und Lisa hat die Nummer 55 21 19.
   + 55 21 19? Ich wiederhole die ganze Nummer: Das ist die 0911 für Nürnberg und dann die 55 21 19.
   – Das ist richtig.
   + Danke, Tom!
4. + Sie möchten zahlen? Einen Moment, bitte. Also, zwei Tee, ein Wasser und ein Apfelsaft, richtig?
   – Ja.
   + Das macht zusammen 8 Euro 40.
5. + Wir möchten zahlen, bitte.
   – Kein Problem. Zusammen oder getrennt?
   + Zusammen, bitte.
   – Gut, zwei Milchkaffee und ein Wasser. Das macht 6 Euro 80.
   + Gern, hier bitte.
   – Danke.

9 d)

1. + Guten Tag, ist hier noch frei?
   – Ja, bitte. Sind Sie auch im Deutschkurs?
   + Nein, ich bin im Spanischkurs.
2. + Hallo, Alida. Das sind Cai und Hung.
   – Hallo, Cai. Hallo, Hung. Seid ihr aus China?
   # Nein, wir sind aus Vietnam. Und du? Woher bist du?
   – Ich komme aus Deutschland.

3. + Ist Susanna auch im Yogakurs?
   – Nein, sie und Aziz sind im Salsakurs.

1 Leben in Deutschland

4

+ Guten Tag, ich heiße Markus Schmidt. Und Sie? Wie heißen Sie?
– Ich heiße Kalonzo Ruto. Wie geht es Ihnen?
+ Danke gut. Und Ihnen?
– Super! Was trinken Sie?
+ Ich trinke Kaffee. Sie auch?
– Nein, ich trinke lieber Tee.
+ Mit Milch und Zucker?
– Ja, bitte. Mit Milch und Zucker.

2 Sprache im Kurs

1 b)

1. Die Kinder möchten nicht in Frankfurt leben. Na ja, wir haben in den USA ein Haus, einen Hund und ihre Freunde leben auch da. Jetzt fliege ich viel. Meine Frau findet das nicht so gut.
2. Ich bin verheiratet und lebe allein. Mein Mann ist in China. Hier in Jena habe ich gute Freundinnen. Wir machen jetzt zusammen einen Yogakurs.
3. Ich lerne Spanisch. Ich möchte in Madrid leben und arbeiten. Die Stadt finde ich gut. Der Hund und das Motorrad kommen auch mit nach Spanien. Das ist kein Problem.
4. Wir leben jetzt in der Türkei. Hier haben wir ein Haus. Mein Mann hat im Moment noch keine Arbeit. Das findet er nicht so gut. Aber das Kind und das Haus machen auch viel Arbeit.
5. Ich arbeite bei Siemens und lebe mit meiner Freundin Eva in München. Im Sommer fliegen wir zusammen nach Irland.

2 c) und d)

1. Ich habe eine Frage. – 2. Können wir eine Pause machen? – 3. Wie heißt der Plural von Stuhl? – 4. Das verstehe ich nicht. – 5. Was ist das?

5 b)

1. das Brötchen – die Brötchen
2. die Brille – die Brillen
3. der Füller – die Füller
4. die Lampe – die Lampen
5. das Fahrrad – die Fahrräder
6. der Becher – die Becher
7. der Saft – die Säfte
8. das Heft – die Hefte

2 Leben in Deutschland

2 b)

+ Guten Tag.
– Guten Tag. Wie heißen Sie?
+ Mein Name ist Adam Bluszcz.
– Bluszcz? Können Sie das bitte buchstabieren?
+ Ja. B – L – U – S – Z – C – Z.
– Danke. Und wie ist Ihre Adresse?
+ Zimmerstraße 34. In 82234 Weßling.
– Wie ist Ihre Telefonnummer?
+ 33 24 95 07.
– Woher kommen Sie, Herr Bluszcz?
+ Aus Polen.
– Sind Sie verheiratet?
+ Nein, ich bin geschieden und lebe allein.

3 Städte – Länder – Sprachen

2

+ Wir wollen wissen: Welche Sprachen sprechen die Deutschen neben ihrer Muttersprache. Frau Professor Meininger, Fremdsprachen sind nicht nur in Europa sehr wichtig.
– Das stimmt. Auch in Deutschland ist das so.
+ Und welche Sprachen sprechen die Deutschen?
– Das ist eine gute Frage. Die offizielle Statistik sagt, 85 % sprechen Englisch. Die Sprache lernen schon die Kinder. 33 % lernen auch Französisch.
+ Sind das alle Sprachen?
– Nein. Viele sprechen auch Spanisch oder Italienisch.
+ Spanisch?
– Ja, 16 % der Deutschen sprechen Spanisch und 10 % sprechen Italienisch.
+ Und Russisch?
– Ach ja. 15 % sprechen Russisch und 18 % sprechen andere Fremdsprachen wie Türkisch, Polnisch, Niederländisch, Dänisch, Chinesisch …

5 b)

1. + Hallo Alfiya und Lena, wart ihr in Köln?
   – Nein, wir waren in Berlin. Warst du schon mal dort?
   + Ja. Ich finde Berlin gut. Und wo seid ihr jetzt? Seid ihr in Berlin?
   – Nein, wir sind in München.
2. + Ute, bist du aus Bremen?
   – Nein, ich bin aus Hamburg. Und du, Fatih, warst du schon mal in Hamburg?
   + Nein, ich war noch nicht in Hamburg, aber ich war schon in Bremen.
   – Ich auch.
3. + Herr Meier, waren Sie schon mal in London?
   – Ja, ich war schon mal in London, in der Tate Gallery.
   + Ist das ein Museum?
   – Ja. Ich gehe gern in Museen.
   + Kommen Sie jetzt direkt aus London?
   – Nein, ich komme jetzt aus Wien. Ich war dort in der Oper.
4. + Ich war gestern im Konzert von Yo-Yo Ma. Du auch?
   – Nein, ich nicht. War Thomas auch dort?
   + Keine Ahnung. Findet er Yo-Yo Ma gut?
   – Ja. Er hat alle CDs von Yo-Yo Ma.

6 a)

1. + Sprichst du Deutsch?
   – Ja, etwas.
2. + Rodrigo, welche Sprache sprecht ihr in Peru?
   – In Peru? Spanisch und Ketschua.
3. + Herr Kluge, Sie sind mit Satomi verheiratet. Welche Sprache sprechen Sie mit Satomi?
   – Ich spreche mit Satomi Japanisch. Sie spricht aber auch schon gut Deutsch.
4. + Welche Sprachen sprichst du?
   – Ich spreche Deutsch, Englisch und etwas Italienisch.
5. + Ich verstehe das nicht. Welche Sprache ist das?
   – Entschuldigung, wir sprechen Chinesisch.

4 Menschen und Häuser

2 a)

1. Der Kaffee ist kalt! – 2. Mein Hotelzimmer war laut! – 3. Ich finde meine Tasche zu klein. – 4. Mein Balkon ist immer dunkel. – 5. Ich finde, das Auto ist hässlich. – 6. Hier im Restaurant ist der Service langsam.

2 c)

1. + Der Kaffee ist kalt!
   – Kalt? Nein, mein Kaffee ist warm.
2. + Mein Hotelzimmer war laut!
   – Laut? Mein Hotelzimmer war ruhig.
3. + Ich finde meine Tasche zu klein.
   – Zu klein? Ich finde, deine Tasche ist zu groß!
4. + Mein Balkon ist immer dunkel.
   – Mein Balkon ist hell. Ich habe viel Sonne.
5. + Ich finde, das Auto ist hässlich.
   – Hässlich? Ich finde das Auto schön!
6. + Hier im Restaurant ist der Service langsam.
   – Langsam? Nein, der Service hier ist schnell!

3 a)

+ Hallo Stefan, wie geht's?
– Danke, gut. Und dir?
+ Auch gut. Trinkst du auch einen Milchkaffee?
– Nein, ich nehme ein Wasser. … Hallo, ein Wasser, bitte!
Kommt sofort.
+ Sag mal, ist das Café neu?
– Ja, ich war auch noch nicht hier. Und ich wohne hier!
+ Was? Hier im Café?
– Nein, in dieser Straße.
+ Ich finde das zu laut.
– Die Straße ist leise. Hier gibt es viele Reihenhäuser. Die Gartenstraße ist eine Wohnstraße. Die Autos fahren langsam.
+ Und wie ist deine Wohnung?
– Super! Es gibt zwei Zimmer, eine Küche und ein Bad. Alle Zimmer sind hell und ich habe viel Platz.
+ Hast du auch einen Balkon?
– Ja. Aber der Balkon ist klein.
+ Und was kostet die Wohnung?
– Das sage ich nicht. Sie ist schön, aber auch teuer …

8 a)

1. Ich bin Studentin und lebe im Wohnheim. Das ist nicht so teuer. Mein Zimmer ist klein, aber hell. Es gibt ein Fenster. Links von der Zimmertür ist ein Bücherregal und ein

Sofabett. Ich habe auch einen Schreibtisch und einen Stuhl. Mein Sessel ist am Fenster. Da lese ich.

2. Ich wohne auch im Studentenwohnheim. Mein Zimmer finde ich zu klein, aber es ist hell. Das ist wichtig. Links von der Zimmertür ist mein Regal und rechts von der Tür ist mein Kleiderschrank. Mein Sofabett ist auch rechts und der Schreibtisch ist am Fenster. Da arbeite ich am Computer.

5 Termine

3

1. Es ist 7 Uhr. Sie hören die Nachrichten. Washington. Der amerikanische Präsident …

2. + Entschuldigung, wann geht der nächste Zug nach Mannheim?
   – Nach Mannheim wollen Sie? Moment: Ja, Sie können um 15.35 Uhr direkt nach Mannheim fahren.
   + Um 15.35 Uhr, also fünf nach halb vier? Dann habe ich noch Zeit für einen Kaffee. Gut.
   – Das Ticket bekommen Sie am Automaten.
   + Vielen Dank.

3. + Guten Morgen.
   – Guten Morgen, Herr Wiegant. Sie kommen schon wieder eine halbe Stunde zu spät. Wir fangen hier mit der Arbeit pünktlich um 9 Uhr an.
   + Entschuldigung. Ich war im Stau.

4. + Hallo Sabine.
   – Hallo Carlos. Was machst du heute?
   + Ich habe frei. Und du?
   – Ich habe ein Problem. Du weißt, ich mache einen Portugiesischkurs, aber ich spreche nicht gerne im Kurs. Ich mache immer so viel falsch. Ich brauche deine Hilfe.
   + Gerne. Treffen wir uns heute Nachmittag um halb drei im Café Silberstein? Dann können wir etwas Portugiesisch sprechen.
   – Um halb drei? Da arbeite ich noch. Kannst du auch um halb fünf?
   + Ja, gut. Also um halb fünf im Silberstein.
   – Danke. Tschüss.
   + Kein Problem. Das mache ich doch gerne. Tschüss.

4 b) und c)

1. + Ach, ich gehe ins Bett. Morgen klingelt mein Wecker schon um sechs.
   – Ich komme später. Ich möchte den Film noch sehen.
   + Okay, gute Nacht, Michael!
   – Gute Nacht, Laura.

2. + Paul? Stehst du jetzt immer so früh auf?
   – Guten Morgen, Eva. Gibt's schon Kaffee?
   + Morgen. Ja, aber es ist doch erst halb sechs.
   – Ich habe heute Morgen um acht einen wichtigen Termin in Köln und da ist auf der Autobahn immer Stau.

3. + Lisa, was machst du denn hier?
   – Guten Tag, Frau Schubert. Ich habe um drei einen Fotokurs.
   + Ach so, na dann viel Spaß!

4. + Oh, Guten Tag, Frau Ende.
   – Guten Tag, Herr Bauer. Essen Sie oft hier?
   + Nein, nicht so oft. Ich treffe meine Frau zum Mittagessen. Und Sie?
   – Ich esse jeden Mittwoch hier.

5. + Guten Abend, Sonja. Wie geht's?
   – Gut. Und Ihnen?
   + Du kannst du sagen. Ich heiße Bernd.

6

+ Friseursalon Reuter, guten Tag.
– …
+ Waren Sie schon einmal hier?
– …
+ Wie war Ihr Name?
– …
+ Passt es Ihnen nächste Woche Mittwoch um 10.45 Uhr?
– …
+ Ja, das geht auch.
– …
+ Auf Wiederhören!

5 Leben in Deutschland

3

1. + Guten Morgen, Frau Sauer.
   – Guten Morgen.
   + Sagen Sie, wann ist heute der Termin mit der Firma Bautop?
   – Heute? Der Termin ist morgen!
   + Ach so!
   – Ja, um zwölf.
   + Ah, wie schön, dann habe ich heute Mittag frei.
   – Ja, genau!

2. Guten Tag. Hier ist die Praxis von Dr. Krüger. Unsere Sprechzeiten sind: Montag bis Donnerstag von 8:30 Uhr bis 12 Uhr sowie Dienstag und Donnerstag von 14 bis 18 Uhr und Freitag von 8 bis 14 Uhr.

3. + Susanne Gruber.
   – Hi, Susanne, ich bin es, Tarek.
   + Wann kommst du denn? Es ist 15:40 Uhr. Um vier haben wir den Termin in der Schule!
   – Ach du, ich kann nicht mitkommen.
   + Was? Wo bist du denn?
   – Noch auf der Autobahn. Ich stehe im Stau und ich komme erst in zwei bis drei Stunden an.
   + Oh, nein!
   – Tut mir leid.
   + Okay, dann bis heute Abend.

4. + Hallo Tina.
   – Hi, Ava! Gehen wir am Wochenende ins Kino?
   + Gerne, aber nicht morgen. Morgen ist eine Familienfeier.
   – Hm, … am Samstag habe ich keine Zeit. Am Sonntagabend?
   + Ja, das geht.
   – Gut, der Film beginnt um 20 Uhr.
   + Schön, das passt.

6 Orientierung

3

+ Was machst du eigentlich morgen, Susanne?
– Morgen? Ich habe viel zu tun. Um halb acht muss ich zum Bahnhof.
+ Ich fahre dich mit dem Auto zum Bahnhof.
– Nein, danke. Ich fahre lieber mit dem Fahrrad und nehme dann den Zug um kurz vor acht. Um Viertel nach bin ich dann in Köln.
+ Gut. Und was machst du in Köln?
– Ich arbeite von halb neun bis fünf. Dann fahre ich mit dem Bus zum Heumarkt und treffe um Viertel nach fünf Marie.
+ Marie? Wer ist das denn?

– Eine Freundin aus dem Sportclub. Wir fahren zusammen mit ihrem Auto zum Sport.

+ Und wie kommst du wieder nach Hause?

– Ganz einfach: Marie bringt mich zum Bahnhof und dann nehme ich um kurz vor halb neun den Zug nach Bonn. Und da wartet mein Fahrrad auf mich …

8

Ich habe in meinem Büro einen neuen Schrank. An der Wand über dem Schrank hängt ein Bild. Rechts auf dem Schrank steht mein Drucker. Links neben dem Drucker stehen meine Wörterbücher und vor den Wörterbüchern liegt ein Ordner. Rechts und links vom Schrank stehen Pflanzen. Der Schrank steht also zwischen zwei Pflanzen. Schön, oder?

6 Leben in Deutschland

1 b)

Rechts neben dem Theater ist das Hotel.
Vor dem Bahnhof wartet ein Taxi.
Herr Ott trinkt einen Tee im Café auf dem Marktplatz.
Frau Spieß ist am Marktstand links neben dem Rathauseingang.
Romy, Tim und Anton spielen auf dem Spielplatz.
An der Bushaltestelle wartet gerade ein Bus.
Tanja arbeitet in dem Dorf hinter dem Bahnhof.
Links neben der Kirche ist eine Apotheke.
Hinter dem Krankenhaus ist das Schwimmbad.
Zwischen dem Sportplatz und der Bibliothek gibt es Toiletten.

2 b)

– Hallo, Sina.

+ Hi, Larissa. Wie ist deine neue Wohnung?

– Sie ist sehr schön. Eine 3-Zimmer-Wohnung im 2. Stock links. Wir haben jetzt auch ein Zimmer für unsere Tochter.

+ Wie groß ist die Wohnung.

– 82 qm.

+ Sind eure Nachbarn nett?

– Also unsere Nachbarn im ersten Stock links sind sehr nett. Sie haben auch Kinder.

+ Gibt es auch Geschäfte in der Nähe?

– Ja. Im Erdgeschoss gibt es eine Bäckerei. Und neben dem Haus ist ein Supermarkt.

+ Ah, wie praktisch.

– Ja, sehr praktisch.

+ Und habt ihr auch einen Balkon?

– Nein, leider nicht, aber hinter dem Haus ist ein Garten.

+ Toll, das klingt alles sehr gut.

– Ja, es ist fast alles gut. Es gibt nur ein Problem. Im Haus wohnen acht Familien und es gibt nur drei Parkplätze.

+ Ah, ich verstehe, du findest oft keinen Parkplatz.

– Genau.

7 Berufe

5

1. + Guten Tag, mein Name ist Ertel. Ich komme aus Bonn und bin Redakteurin bei der Abendzeitung. Hier ist meine Karte.

– Ach, Frau Ertel. Sie sind also eine Kollegin! Ich schreibe für die Kölner Rhein-Zeitung. Entschuldigung, ich muss mich noch vorstellen: Mein Name ist Konstantinos Tselios. Hier ist meine Karte.

+ Sie sind bei der Rhein-Zeitung? Kennen Sie vielleicht Ruth Baumann? Sie arbeitet auch bei Ihrer Zeitung. Sie ist die Sekretärin vom Chefredakteur. Wir waren zusammen in der Schule.

– Frau Baumann? Nein, tut mir leid, ich kenne sie nicht. Sicher arbeitet sie in der Domstraße. Mein Büro ist in der Marktstraße.

+ Naja, ist auch nicht so wichtig. Wie finden Sie die Konferenz?

2. + Sie sind also Frau Hartmann. Sie sind Programmiererin bei Software-Solutions, richtig?

– Ja, das ist richtig. Wir schreiben Programme für Produktbestellungen im Internet.

+ Interessant. Mein Name ist Michael Romanov. Ich habe hier in Frankfurt eine Tischlerei und möchte meine Möbel auch im Internet verkaufen. Ich suche noch ein passendes Programm. Wir müssen einen Termin machen. Hier ist meine Karte.

– Gerne. Hier ist meine Karte. Sie können mich von Montag bis Donnerstag am besten in der Zeit zwischen 10 und 17 Uhr im Büro anrufen. Am Freitag arbeite ich zu Hause. Meine Handynummer finden Sie hier unten auf der Karte.

+ Gut. Vielen Dank. Ich rufe Sie an.

6 b)

+ Wir haben Erkan bei der Arbeit besucht und mit ihm über seinen Beruf gesprochen. Erkan, was machen Sie beruflich?

– Alles, was ich gerne mache. Ich bin Florist und arbeite in einem Blumengeschäft. Als Florist kann ich mit Pflanzen und mit Menschen arbeiten.

+ Und was müssen Sie in dem Blumengeschäft machen?

– Ich muss zum Beispiel Blumen verkaufen und Kunden beraten. Das finde ich gut.

+ Und wie ist Ihr Arbeitstag?

– Na ja, ich habe immer viel zu tun. Jeden Montag und Donnerstag muss ich sehr früh aufstehen. Dann muss ich auf dem Großmarkt neue Blumen und Pflanzen für das Geschäft einkaufen. Aber das macht auch Spaß.

+ Es gibt nicht viele Männer in Ihrem Beruf, oder?

– Das ist nicht ganz richtig. Auf dem Großmarkt arbeiten auch viele Männer. Aber in einem Blumengeschäft …

+ Müssen Sie Ihren Kunden auch manchmal Blumen ins Haus bringen?

– Ja, aber nicht so oft.

9

+ Guten Tag.

– Guten Tag. Frau Lim, richtig?

+ Ja, richtig.

– Sie sind nicht aus Deutschland?

+ Nein, ich komme aus China.

– Sie sprechen sehr gut Deutsch. Welche anderen Sprachen können Sie?

+ Also, ich spreche natürlich Chinesisch, Deutsch, das wissen Sie ja, und Englisch.

– Und Sie möchten bei uns im Lufthansa-Call-Center arbeiten?

+ Ja, genau. Ich suche Arbeit.

– Bei uns müssen Sie viel telefonieren.

+ Das ist kein Problem.

– Waren Sie schon einmal in einem Call-Center?

+ Nein, aber ich war Sekretärin. In dem Beruf ist Telefonieren auch wichtig. Also, Termine machen oder Kunden beraten, das machen wir meistens am Telefon. Das kann ich gut. Die Arbeit war auch immer sehr interessant. Seit drei Jahren habe ich ein Kind. Mein Sohn ist jetzt im Kindergarten und ich suche eine neue Arbeit.

– Aha, Sie haben ein Kind. Können Sie denn auch am Wochenende arbeiten?

+ Ja, das geht. Mein Mann ist dann zu Hause.

– Schön. Das ist wichtig. Wir beraten hier an sieben Tagen in der Woche Kunden der Lufthansa. Flugzeiten, Tickets und so. Sie müssen bei uns zuerst einen Kurs besuchen. Der Kurs findet aber nur abends statt. Geht das?

+ Ja, das ist sicher kein Problem.

– Gut. Können Sie am 1. Juni anfangen?

+ Gerne. Das passt mir gut. Vielen Dank!

– Ja, dann rufe ich jetzt meine Sekretärin an und Sie gehen gleich mit ihr. Wir brauchen noch ein paar Informationen und Papiere von Ihnen.

+ Okay, gerne. Vielen Dank nochmal. Auf Wiedersehen.

– Auf Wiedersehen, Frau Lim.

7 Leben in Deutschland

1 b)/c)

1. Ich arbeite seit 2012 als Altenpflegehelfer in einem Seniorenheim in Frankfurt. Ich habe viele Aufgaben. Ich wasche die Senioren, bringe das Essen, mache die Betten und räume die Zimmer auf. Aber natürlich mache ich auch jeden Tag etwas mit den Senioren: Wir sprechen, singen oder spielen Spiele zusammen. Der Beruf ist nicht einfach, aber ich arbeite sehr gern mit Menschen zusammen.

2. Ich arbeite seit zehn Jahren in einem kleinen Supermarkt. Die Arbeit finde ich nicht so gut. Ich sitze jeden Tag stundenlang an der Kasse und muss oft auch Produkte in die Regale stellen. Dann bin ich abends sehr müde. Leider sind auch nicht alle Kunden freundlich! Aber ich habe einen netten Chef. Das ist gut.

3. Na ja, sagen wir mal so: Ich habe Arbeit und verdiene mein Geld. Nach der Schule hat meine Mutter gesagt, ich kann in ihrer Firma arbeiten. Und jetzt sitze ich fast den ganzen Tag am Schreibtisch, telefoniere mit Kunden, mache Termine für den Chef, schreibe E-Mails oder Rechnungen, mache Kopien und buche Flüge. Das macht müde. Ich möchte gerne einen anderen Beruf lernen. Vielleicht fange ich neu an und werde Gärtnerin.

4. Ich bin gerne den ganzen Tag in der Werkstatt und repariere Autos oder Motorräder. Das ist manchmal gar nicht so einfach. Jeder Motor ist anders und es gibt immer wieder neue Probleme. Die muss ich dann finden und das macht mir nach über 30 Jahren immer noch viel Spaß!

5. Kochen war schon in meiner Schulzeit mein Hobby. Nun ist es auch mein Beruf. Die Arbeit im Restaurant ist sehr interessant und meine Kollegen und unsere Gäste sind sehr nett. Da macht die Arbeit Spaß! Aber ich muss leider sehr oft am Abend oder am Wochenende arbeiten. Das ist nicht so schön.

6. Ich liebe Blumen. Das war schon immer so. Meine Eltern hatten einen Garten. Zwischen den Blumen – das war

schon als Kind mein Lieblingsplatz. Heute verkaufe ich sie. Meinen Beruf finde ich toll, denn ich arbeite mit Menschen und Pflanzen. Oft berate ich Kunden auch. Heute Mittag kommt zum Beispiel eine Kundin zum Beratungsgespräch. Sie sucht Blumen und Pflanzen für ihr Restaurant.

8 Münster sehen

9 b)

a) + Mmh ..., ach ja, gehen Sie hier rechts und dann die erste Straße links. Da sehen Sie auf der linken Seite gleich einen Supermarkt. In dem Haus daneben sind verschiedene Praxen. Da finden Sie sicher, was Sie suchen. Allerdings ist heute Mittwoch. Da weiß man am Nachmittag nie ...

– Ach so. Na ja. Wir gehen also hier rechts und dann die erste Straße links. Richtig?

+ Ja. Das ist der Kürschnerweg. Da ist gleich links ein Supermarkt.

– Und in dem Haus daneben gibt es verschiedene Praxen?

+ Genau.

– Vielen Dank. Das finden wir.

+ Gerne.

b) + Ich glaube, die ist am Bahnhof. Ja, richtig. Gehen Sie hier geradeaus bis zur Parkstraße. Da gehen Sie links, an der Kirche und der Bank vorbei bis zur Schillerstraße. Da ist es dann gleich rechts vom Bahnhofsplatz. Das sehen Sie dann schon.

– Also hier geradeaus, dann links in die Parkstraße bis zur Schillerstraße.

+ Ja. Gehen Sie dann über die Schillerstraße. Dann sehen Sie es schon.

– Vielen Dank!

+ Kein Problem!

c) + Moment, das ist gleich dort in der Goethestraße. Das ist nicht weit. Gehen Sie hier über die Salzstraße und über den Marktplatz am Museum vorbei. Dann gehen Sie nur noch über die Goethestraße und Sie stehen davor.

– Ach so. Das ist gegenüber vom Museum, oder?

+ Ja, genau.

– Vielen Dank!

+ Gerne.

9 Ab in den Urlaub

4 b)

+ So. Jetzt ist Urlaub. Michael, ist alles fertig? Können wir starten?

– Ja. Die Koffer habe ich gepackt und das Auto habe ich auch schon kontrolliert. Die Stadtpläne von Rom und Neapel hast du schon am Montag gekauft, oder?

+ Ja. Und ich habe auch schon ein interessantes Buch über das alte Rom gelesen. Hast du die Zimmer reserviert?

– Das habe ich schon am Montag gemacht. Ich habe ein Zimmer in einem schönen Hotel in der Nähe vom Kolosseum in Rom gefunden.

+ Und Neapel?

– Die Fahrt nach Neapel habe ich schon geplant. Das ist nicht weit.

+ Das weiß ich. Ich meine aber das Hotelzimmer in Neapel.

– Ach so ... Das habe ich noch nicht reserviert. Sicher finden wir etwas.

+ Sicher?

8 a)

Heute hatten wir keinen Deutschunterricht. Unsere Lehrerin war nicht da. Ich habe meine Hausaufgaben gemacht, aber die anderen haben alle etwas anderes gemacht und nicht gelernt. Janina ist zur Toilette gegangen. Cem hat neben mir gesessen und aus dem Fenster gesehen. Ich glaube, er hat an seine Familie in der Türkei gedacht. Kit musste gestern lange im Restaurant arbeiten. Er war sehr müde und hat die ganze Zeit geschlafen. Olga und Li waren ziemlich laut, sie haben Karten gespielt. Ana hat morgen Geburtstag und gibt eine Party. Sie hat eine Einkaufsliste geschrieben. Tom hat neben Ana gesessen und auf seinem MP3-Player Musik gehört. Und Alfiya hat die ganze Zeit mit einer Freundin telefoniert.

9 Leben in Deutschland

3

1. Sehr geehrte Fahrgäste. Wir erreichen jetzt Stralsund Hauptbahnhof. Unsere Fahrt endet heute hier am Bahnhof Stralsund, denn es gibt einen Unfall auf dem Bahngleis zwischen Stralsund und Binz. Bitte steigen Sie in Stralsund aus und fahren Sie mit dem Bus weiter nach Binz. Der Bus fährt in 15 Minuten an der Haltestelle direkt vor dem Bahnhof ab.
2. Achtung eine wichtige Durchsage: Am Gleis 3 finden zurzeit Bauarbeiten statt. Die Ankunft Regionalexpress RE 8 aus Berlin ist heute am Gleis 1.
3. Achtung, ein Hinweis für unsere Fahrgäste: Die U1 fährt ab heute bis zum 29.07. nur bis zur Station Hofgarten. Reisende zum Hauptbahnhof steigen bitte am Hofgarten in die U16 um.
4. Sehr geehrte Fahrgäste: Herzlich willkommen auf der Fahrt von Emden zur Insel Borkum. Die Fahrt zur Insel dauert etwa 60 Minuten. Wir kommen circa 19:35 Uhr im Hafen Borkum an.
5. Achtung eine Information zum Flug LH 997 aus Zürich, geplante Ankunft 18:37 Uhr. Der Flug hat aktuell 25 Minuten Verspätung. …

10 Essen und trinken

6 b) und c)

1. + Sie wünschen?
   – Ein Weißbrot, bitte.
   + Darf es noch etwas sein?
   – Ja, Apfelkuchen.
   + Welchen Apfelkuchen möchten Sie denn?
   – Vier Stück von dem hier, bitte.
   + Der ist wirklich lecker. Das ist ein altes Familienrezept. Haben Sie noch einen Wunsch?
   – Nein, danke.
   + Ich bekomme dann 6 Euro 70 von Ihnen.
   – …
   + Und 2 Euro 30 zurück. Ich wünsche Ihnen ein schönes Wochenende!
   – Danke, Ihnen auch.
2. + Was darf es sein?
   – Ich brauche Schinken für einen Nudelauflauf.
   + Da habe ich etwas für Sie. Der hier hat nur wenig Fett und schmeckt auch in einem Auflauf sehr gut. Ich nehme den auch oft.
   – Gut. Dann geben Sie mir bitte 150 Gramm.
   + Darf es noch etwas sein?

– Danke, das ist alles.
+ Brauchen Sie eine Tüte?
– Nein, ich habe eine Tasche dabei. Danke.
+ Dann macht das genau 2 Euro und 85 Cent.
– Bitte.
+ Haben Sie vielleicht 5 Cent?
– Kann sein. Ich sehe mal nach. Ja, hier.
+ Dann bekommen Sie 20 Cent zurück.
3. + Bitte schön?
   – Ich hätte gern zwei Zwiebeln.
   + Kein Problem. Zwei Zwiebeln, so. Möchten Sie vielleicht auch einen Bund Frühlingszwiebeln? Die sind ganz frisch.
   – Nein, danke. Aber ich nehme noch ein halbes Kilo Tomaten. Woher kommen die?
   + In dieser Jahreszeit gibt es noch keine deutschen Tomaten, die kommen aus Italien. 500 Gramm?
   – Ja, bitte.
   + Gut. Noch etwas?
   – Nein, danke. Das ist alles.
   + Moment. Das macht dann zusammen genau 3 Euro 60, bitte.
   – …
   + Vier Euro. Sie bekommen 40 Cent zurück. Möchten Sie eine Tüte?
   – Nein, danke.
4. + Möchten Sie den Pecorino mal probieren? Der kostet heute nur 1,49 einhundert Gramm.
   – Nein, danke. Ich möchte Bergkäse.
   + Gut … Da haben wir einen aus Tirol und den deutschen, der ist etwas salziger.
   – Dann nehme ich lieber den aus Tirol, bitte.
   + Und wie viel brauchen Sie?
   – 150 Gramm.
   + Moment … Darf es noch etwas sein?
   – Danke, das ist alles.
   + Dann bekomme ich 2 Euro 30 von Ihnen.
   – …
   + Und 70 Cent zurück, bitte schön.

11 Kleidung und Wetter

8 a) und b)

+ Guten Morgen, Inga. Na, wie war euer Frauenabend? Du warst erst ganz schön spät zu Hause!
– Na und? Es war richtig schön. Willst du die Fotos von gestern Abend sehen?
+ Gerne.
– Schau mal hier. Das ist Lotta. Sie hat nicht viel Geld, aber sie sieht immer super aus, oder? Sie trägt einen roten Rock und ein weißes T-Shirt unter ihrer Jeansjacke.
+ Stimmt. Sieht gut aus. Und die da?
– Das ist Laura, die kennst du doch. Sie war wieder voll im Trend. Sie hat ein neues Kleid. Ich finde es zu bunt, aber den anderen hat es gefallen. Und neben ihr ist Marie. Mode war ihr schon immer egal. Sie trägt meistens eine schwarze Jeans und eine helle Bluse.
+ Tja, das verstehe ich gut. Mode ist mir auch egal. Warum erzählst du mir nicht lieber, was ihr gemacht habt? Und wo wart ihr überhaupt?

11 b)

+ Guten Tag, ich brauche neue Schuhe.
– Welche Größe haben Sie?

+ Ich trage Schuhgröße 42.
– In Ihrer Schuhgröße habe ich ein braunes Paar im Angebot.
+ Kann ich die mal anprobieren?
– Moment, ich bringe Ihnen die Schuhe.
+ Die passen mir sehr gut.
– Möchten Sie noch ein anderes Paar probieren?
+ Nein danke, ich nehme diese.

11 Leben in Deutschland

1 a)

1. + Guten Tag. Wir sind vom Radio. Wir machen eine Umfrage. Wo kaufen Sie Ihre Kleidung?
   – Ich arbeite sehr viel und gehe nicht gern einkaufen. Seit vier oder fünf Jahren kaufe ich meistens im Internet ein. Das ist praktisch.
   + Und wenn etwas nicht passt?
   – Das ist kein Problem. Dann schicke ich die Kleidung zurück.
   + Und kaufen Sie auch noch im Kaufhaus ein?
   – Manchmal schon. Schuhe zum Beispiel.
   + Vielen Dank.
2. + Hallo, ich bin vom Radio. Darf ich Sie fragen: Wo kaufen Sie Ihre Kleidung ein?
   – Also, manchmal kaufe ich meine Kleider im Kaufhaus. Aber am liebsten kaufe ich in Boutiquen ein.
   + Warum?
   – Ich finde, Boutiquen haben mehr schicke Sachen.
   + Und kaufen Sie auch im Internet ein?
   – Ja, aber nicht so oft. Ich möchte die Kleider erst anprobieren.
   + Danke.
3. + Guten Tag. Wir machen eine Umfrage. Wo kaufen Sie Ihre Kleider meistens ein?
   – Ich gehe gern in Kaufhäusern einkaufen und kaufe fast alle Kleider dort.
   + Warum in Kaufhäusern und nicht in Boutiquen?
   – Es gibt viel mehr Angebote im Kaufhaus. Das mag ich. Auch die Preise sind nicht sehr hoch.
   + Kaufen Sie auch im Internet ein?
   – DVDs oder Bücher kaufe ich im Internet, aber Kleidung oder Schuhe nie. Da bin ich altmodisch.

12 Körper und Gesundheit

5 b)

1. + Guten Tag. Haben Sie einen Termin?
   – ...
   + Haben Sie Ihre Versicherungskarte mitgebracht?
   – ...
   + Gut. Waren Sie in diesem Quartal schon einmal bei uns?
   – ...
   + Nehmen Sie bitte noch einen Moment im Wartezimmer Platz.
   – ...
   + Nein, Patienten mit Termin müssen bei uns nicht lange warten.
2. + ... Sie sind stark erkältet. Ich schreibe Ihnen ein Rezept für Hustensaft.
   – ...
   + Sie müssen viel schlafen. Und ich verschreibe Ihnen auch noch ein Medikament gegen das Fieber.

– ...
+ Kein Problem. Die Krankschreibung bekommen Sie an der Rezeption.
– ...
+ Das auch. Ich wünsche Ihnen gute Besserung!
– ...
+ Auf Wiedersehen.

6 c)

a) + Da bist du ja wieder. Wie geht es dir?
   – Nicht besonders gut. Der Arzt sagt, ich muss drei Tage im Bett bleiben und viel schlafen. Mit der Erkältung kann ich nicht arbeiten.
   + Hat er dir eine Krankschreibung für deinen Arbeitgeber gegeben?
   – Ja, ich rufe meinen Chef gleich an.
   + Mach das zuerst. Hast du auch ein Rezept bekommen? Der Arzt hat dir doch sicher Medikamente verschrieben.
   – Das habe ich fast vergessen. Kannst du für mich in die Apotheke gehen?
   + Das ist kein Problem. Ich muss auch noch etwas einkaufen. Brauchst du noch etwas?
   – Bitte bring mir frisches Obst mit. Ich brauche viel Vitamin C.
b) + Getränkemarkt Kunze. Guten Tag!
   – Guten Tag! Hier Frank Moll. Ich bin krank und kann heute nicht zur Arbeit kommen.
   + Sie sind krank? Das tut mir leid. Was fehlt Ihnen denn?
   – Ich bin total erkältet.
   + Erkältet? Waren Sie auch schon beim Arzt?
   – Ja, der Arzt hat mich bis Montag krankgeschrieben.
   + Na ja, dann erholen Sie sich gut! Hoffentlich geht es Ihnen dann schnell wieder besser.
   – Vielen Dank! Meine Frau kann Ihnen die Krankschreibung bringen.
   + Ach, das ist jetzt nicht so wichtig. Bringen Sie die Krankschreibung einfach am Montag mit.

8 a)

Hallo, liebe Zuhörer und Zuhörerinnen. Hier ist wieder Ihr Carsten Schnell mit dem Jogger-Podcast im Juli. In den letzten Tagen war es sehr heiß. Viele fragen mich nun: Soll ich bei der Hitze trainieren oder besser nicht? Ich meine, ja – aber machen Sie es richtig! Hier sind ein paar einfache Tipps: Tipp 1: Laufen Sie am besten früh morgens. Dann ist es noch nicht so heiß und die Luft ist frischer als am Nachmittag oder Abend. Tipp 2: Bei Sport an heißen Tagen verliert unser Körper viel mehr Wasser als an anderen Tagen. Das heißt: Sportler müssen an heißen Tagen viel trinken. Trinken Sie bei hohen Temperaturen vor dem Lauftraining ein bis zwei Liter – aber nicht alles auf einmal! Und nehmen Sie für unterwegs etwas Wasser mit. Dann kann Ihnen nichts passieren. Tipp 3: Trinken Sie kein kaltes Wasser! Gut sind zum Beispiel Mineralwasser, Früchtetee oder Saftschorlen mit Zimmertemperatur. Tipp 4: Manche Menschen essen an heißen Tagen nicht gerne etwas. Das ist auch für Sportler nicht gesund! Essen Sie viel frisches Obst, leichte Nudelgerichte, Salate oder Gemüsesuppen. So bekommen Sie auch bei Hitze keine Magenprobleme. Sie brauchen die Energie! Und hier noch ein Extra-Tipp: Duschen Sie vor dem Training kalt. Dann geht die Körpertemperatur nicht so schnell nach oben und Sie können etwas länger trainieren!

Wortliste Leben in Deutschland

2 Leben in Deutschland

die	Kindertagesstätte (KiTa)	2/Ü1
die	Anmeldung	2/Ü1
der	Nachname	2/Ü1
der	Familienname	2/Ü1
	persönliche Angaben	2/Ü2
der	Familienstand	2/Ü2
	ledig	2/Ü2
	geschieden	2/Ü2
	verwitwet	2/Ü2
das	Alter	2/Ü3

3 Leben in Deutschland

die	Bundesrepublik	3/Ü2
das	Bundesland	3/Ü2
die	Landeshauptstadt	3/Ü2
der	Stadtstaat	3/Ü2

4 Leben in Deutschland

die	Zentralheizung	4/Ü1
der	Neubau	4/Ü1
der	Quadratmeter (m², qm)	4/Ü1
die	Nebenkosten	4/Ü1
das	Obergeschoss (OG)	4/Ü1
die	Wohnungsanzeige	4/Ü2
der	Mietvertrag	4/Ü2
	anmelden	4/Ü2
	unterschreiben	4/Ü2
die	Warmmiete	4/Ü3
das	Einwohnermeldeamt	4/Ü3
der	Reisepass	4/Ü3
der	Personalausweis	4/Ü3
das	Meldeformular	4/Ü3
	einziehen	4/Ü3
der	Aufzug	4/Ü3
die	Miete	4/Ü3

5 Leben in Deutschland

das	Bürgerbüro	5/Ü1
das	Finanzamt	5/Ü1
die	Post	5/Ü2
die	Bäckerei	5/Ü2
	auf haben / zu haben	5/Ü2
	auf machen / zu machen	5/Ü2
	offen	5/Ü2
	geschlossen	5/Ü2
	geöffnet	5/Ü2
	später (etwas später kommen)	5/Ü2
die	Volkshochschule	5/Ü3

6 Leben in Deutschland

die	Bushaltestelle	6/Ü1
der	Spielplatz	6/Ü1
der	Sportplatz	6/Ü1
das	Rathaus	6/Ü1
der	Briefkasten	6/Ü2
die	Mülltonne	6/Ü2
das	Treppenhaus	6/Ü2
der	Hof	6/Ü2
die	Klingel	6/Ü2
das	Dachgeschoss	6/Ü2

7 Leben in Deutschland

der/die	Altenpfleger/in	7/Ü1
der/die	Erzieher/in	7/Ü1
der/die	Kunde/in	7/Ü1
die	Stellenanzeige	7/Ü3
das	Stellenangebot	7/Ü3
der/die	Pflegehelfer/in	7/Ü3
die	Wochenendarbeit	7/Ü3
die	Nachtarbeit	7/Ü3
die	Bewerbung	7/Ü3
	schriftlich	7/Ü3
die	Pizzeria	7/Ü3
die	Vollzeit	7/Ü3

8 Leben in Deutschland

die	Agentur für Arbeit	8/Ü1
der	Notruf	8/Ü2
	verletzt	8/Ü2
der	Rettungswagen	8/Ü2
der/die	Notarzt/-ärztin	8/Ü2
die	Situation	8/Ü2
die	Rückfrage	8/Ü2
	deutlich	8/Ü2
	schicken	8/Ü2
das	Feuer	8/Ü3
die	Brust	8/Ü3

9 Leben in Deutschland

die	BahnCard	9/Ü1
die	Fahrkarte	9/Ü1
der	Fahrkartenautomat	9/Ü1
das	Gleis	9/Ü1
der	Bahnsteig	9/Ü1
der	Fahrkarten-Schalter	9/Ü1
die	(2.) Klasse	9/Ü1
	umsteigen	9/Ü2
der	Regionalzug	9/Ü2
der	Intercity-Express (ICE)	9/Ü2

die Haltestelle	9/Ü2
abfahren	9/Ü2
ankommen	9/Ü2
das Flugzeug	9/Ü3
tot	9/Ü4
der/die Enkel/in	9/Ü4
die Enkelkinder	9/Ü4
zur Welt kommen	9/Ü5
geboren	9/Ü5
kennenlernen	9/Ü5
heiraten	9/Ü5
die Grundschule	9/Ü5
das Studium	9/Ü5

10 Leben in Deutschland

der Schokoriegel	10/Ü1
die Weintraube	10/Ü1
das Pausenbrot	10/Ü1
der Müsliriegel	10/Ü1
der Keks	10/Ü1
die Nuss	10/Ü1
die Schulmensa	10/Ü1
die Mittagspause	10/Ü1
das Vollkornbrot	10/Ü1
mitbringen	10/Ü1
die Allergie	10/Ü3

11 Leben in Deutschland

das Kaufhaus	11/Ü1
das Passwort	11/Ü2
bestätigen	11/Ü2
kostenlos	11/Ü2
die Bestellung	11/Ü2
zurückschicken	11/Ü2
der Geldautomat	11/Ü3
der Strumpf	11/Ü3
die Zeitschrift	11/Ü3
der Drogeriemarkt	11/Ü3
die Haushaltwaren (Pl.)	11/Ü3
das Elektrogerät	11/Ü3
die Spielwaren	11/Ü3
der Baby-Wickelraum	11/Ü3
der Bio-Markt	11/Ü3

12 Leben in Deutschland

die Gesundheitskarte	12/Ü1
die Krankschreibung	12/Ü1
die Kopie	12/Ü1
das Original	12/Ü1
der/die Arbeitgeber/in	12/Ü1
der/die Hausarzt/-ärztin	12/Ü1
der/die Facharzt/-ärztin	12/Ü1

die Überweisung	12/Ü1
der Feiertag	12/Ü1
der Notdienst	12/Ü1
vereinbaren (einen Termin	
vereinbaren)	12/Ü1
versichert	12/Ü1
der Hustensaft	12/Ü2
das Fieberthermometer	12/Ü2
das Zäpfchen	12/Ü2
das Pflaster	12/Ü2
husten	12/Ü2
messen	12/Ü2
die Verletzung	12/Ü2
der/die Kinderarzt/-ärztin	12/Ü2
informieren	12/Ü2
abgeben	12/Ü2
die Grippe	12/Ü2
das Amt	12/Ü3
die Behörde	12/Ü3
die Kfz-Zulassungsstelle	12/Ü3
das Standesamt	12/Ü3
das Jugendamt	12/Ü3
abmelden	12/Ü3
beantragen	12/Ü3
ausfüllen	12/Ü3
die Aufenthaltserlaubnis	12/Ü3
die Arbeitserlaubnis	12/Ü3
die Gehaltsabrechnung	12/Ü3
die Staatsangehörigkeit	12/Ü3
die Sozialversicherungsnummer	12/Ü3
das Kindergeld	12/Ü3
der Arbeitsvertrag	12/Ü3
berufstätig	12/Ü4
der/die Vermieter/in	12/Ü4
der Geburtsort	12/Ü4
männlich	12/Ü4
weiblich	12/Ü4
das Nummernschild	12/Ü5
die Gebühr	12/Ü5
der Fahrzeugschein	12/Ü5
ummelden	12/Ü5

Bildquellenverzeichnis

Cover Robert Nadolny, Grafikdesign – **S. 3** oben links: Shutterstock, Monkey Business Images; 1: Shutterstock, Shawn Hempel; 2: iStockphoto, Chris Schmidt; 3: Shutterstock; 4: Fotolia, auremar; 5: Fotolia, auremar; 6: Fotolia, AustralianDream; 7: Fotolia, Karin & Uwe Annas; 8: Fotolia, Esser; 9: Fotolia, elxeneize; 10: Fotolia, berc; 11: Fotolia, contrastwerkstatt; 12: Fotolia, Peter Atkins – **S. 4** Shutterstock, Monkey Business Images – **S. 7** oben links: Fotolia, ArTo; Mitte links: Shutterstock, Dragon Images; unten links: Fotolia, Art Allianz; oben Mitte: Fotolia, zaretskaya; Mitte Mitte: Fotolia, olly; unten Mitte: Fotolia, Subbotina Anna; oben rechts: Fotolia, contrastwerkstatt; Mitte rechts: Shutterstock, karamysh; unten rechts: Fotolia, Deminos – **S. 8** 1: Fotolia, Cools; 2: Fotolia, wavebreakmediamicro; 3: mauritius images, Jochen Tack – **S. 9** 1: Shutterstock, Shawn Hempel; 2: Fotolia, Teamarbeit; 3: Fotolia, Julián Rovagnati; 4: Fotolia, digieye; 5: Fotolia, cut; 6: Fotolia, Elena Moiseeva – **S. 10** 1: Shutterstock, Michelangelo Gratton; 2: Fotolia, TheFinalMiracle; 3: Fotolia, Jenner; 4: Shutterstock, Syda Productions – **S. 12** 1: Fotolia, Luna; 2: Fotolia, Robert Kneschke; 3: Fotolia, Alexander Raths – **S. 14** oben links: Colourbox; unten links: Fotolia, Conny Hagen; oben Mitte: Shutterstock, Zhu Difeng; unten Mitte: Fotolia, Robert Kneschke; rechts: Shutterstock, wavebreakmedia – **S. 16** oben: iStockphoto, Chris Schmidt; 1: Fotolia, Digitalpress; 2: Shutterstock, Ingvar Bjork; 3: Fotolia, al62; 4: Fotolia, honda vita – **S. 17** 5: Shutterstock; 6: Shutterstock, Dan Kosmayer; 7: Fotolia, Beboy; 8: Fotolia, endrille; unten: Fotolia – **S. 20** oben: Colourbox; unten: Shutterstock – **S. 21** 1: Fotolia, Marco Richter; 2: Fotolia, Digitalpress; 3: Fotolia, Simon Ebel; 4: Elbphilharmonie, Herzog de Meuron; 5: Fotolia, Vladislav Gajic; 6: Fotolia, Mapics; 7: Shutterstock, chaoss; 8: Fotolia, U.L. – **S. 24** Cornelsen Schulverlage GmbH, Dr. V. Binder – **S. 25** 1: Fotolia, elxeneize; 2: Fotolia, Omika; 3: Fotolia, Tom Bayer; 4: Fotolia, Photography by mije shots; 5: Fotolia, LianeM – **S. 26** Fotolia, auremar – **S. 29** Fotolia, Lassedesignen – **S. 35** a: Deutsche Bahn AG; b: Cornelsen Schulverlage GmbH, H. Herold; c: Fotolia, Kzenon; d: Fotolia, auremar – **S. 37** Shutterstock, Gemenacom – **S. 39** Fotolia, shot99 – **S. 40** Cornelsen Schulverlage GmbH – **S. 41** links: Fotolia, O. M. ; Mitte: Fotolia, Jan Becke; rechts: Fotolia, ferretcloud – **S. 42** a: Fotolia, Seidel; b: picture alliance/ZB, Wolfgang Kluge; c: picture alliance/ZB, Waltraud Grubitzsch; d: picture alliance/ZB, Hubert Link; e: Helga Schulze-Brinkop – **S. 43** 1: Shutterstock, wavebreakmedia; 2: Shutterstock, Dean Drobot – **S. 44** 1: Fotolia, AustralianDream; 2: Deutsche Bahn AG; 3: Fotolia, 2012 myfreizeit.de; 4: Fotolia, autofocus 67; 5: Fotolia, Nomad_Soul; 6: Fotolia, HappyAlex – **S. 46** Goethe Institut – **S. 50** oben links: Corbis; unten links: Fotolia, Karin & Uwe Annas; oben rechts: Fotolia, Karin & Uwe Annas; unten rechts: Fotolia, Monkey Business – **S. 51** oben links: Fotolia, Schwier; oben rechts: Fotolia, Peter Atkins; a: Fotolia, TrudiDesign; b: Shutterstock, ET1972; c: Fotolia, araraadt; d: Fotolia, Picture-Factory; e: Fotolia, MNStudio;

f: Fotolia, Luftbildfotograf – **S. 53** Fotolia, auremar – **S. 54** 1: Shutterstock, OPOLJA; 2: Fotolia, Stauke; 3: Fotolia, Kneschke – **S. 56** 1: Shutterstock, filipw; 2: Shutterstock, DALSTOK; 3: Shutterstock, eurobanks; 4: Fotolia, Janina Dierks; 5: Shutterstock, Image Point Fr; 6: Fotolia, Rido – **S. 58** oben links: Fotolia, Esser; unten links+oben rechts: picture alliance/ dpa, Friso Gentsch; Mitte: Fotolia, Martina Berg; unten rechts: Fotolia, laguna35 – **S. 60** 1: Shutterstock, vvoe; 2: Fotolia, Fotostudio Pfluegl; 3: Fotolia, davis; 4: Fotolia, TELCOM-PHOTOGRAPHY; 5: Shutterstock, Bocman1973 – **S. 63** Fotolia, Iakov Filimonov – **S. 64** oben links: Fotolia, CandyBox Images; Mitte links: Fotolia, O.M.; unten links: Fotolia, Gina Sanders; oben Mitte: Fotolia, eyetronic; Mitte Mitte: Fotolia, guukaa; unten Mitte: Fotolia, Sauerlandpics; oben rechts: Fotolia, Dan Race; Mitte rechts: Fotolia, steschum; unten rechts: Fotolia, O. M.; Hintergrund: Fotolia, obelicks – **S. 65** links: Shutterstock, Robert Crum; rechts: Fotolia, Martinan – **S. 66** links: Shutterstock, FooTToo; rechts: Fotolia, elxeneize – **S. 67** links: Fotolia, Lothar Lorenz; rechts: Fotolia, JFL Photography – **S. 68** Fotolia, Petair – **S. 69** außen: Fotolia, bloomua; innen: Shutterstock, Monkey Business Images – **S. 71** Fotolia, Alexandr Mitiuc – **S. 72** Deutsche Bahn AG – **S. 73** Deutsche Bahn AG – **S. 74** a: Fotolia, ChantalS; b: Fotolia, ehrenberg-bilder; c: Fotolia, Jeanette Dietl – **S. 75** Fotolia, goodluz – **S. 77** Fotolia, valery121283 – **S. 78** Fotolia, berc – **S. 79** 1: Fotolia, Picture-Factory; 2: Fotolia, Stefan Gräf; 3: Fotolia, lamio; 4: Fotolia, novro – **S. 80** Fotolia, nyul – **S. 82** a: Fotolia, HandmadePictures; b: Fotolia, Daniel Ernst; c: Fotolia, Barbara Pheby; d: Fotolia, Himmelssturm; e: Fotolia, victoria p.; f: Fotolia, christianimmig; g: Fotolia, Kaarsten; h: Shutterstock, Madlen; i: Fotolia, photocrew; j: Fotolia, ksena32; k: Fotolia, cirquedesprit; l: Fotolia, eytronic – **S. 83** a, b: Shutterstock, CandyBox Images; c: Fotolia, Kadmy – **S. 84** Fotolia, contrastwerkstatt – **S. 87** links: Fotolia, Dmytro Shevchenko; 2. von links: Fotolia, Amelia Fox; 2. von rechts: Fotolia, Elnur Amikishiyev; rechts: Fotolia, Beznika; außen: Fotolia, vege – **S. 90** a: Fotolia, Photocreo Bednarek; b: Fotolia, ldprod; c: Fotolia, luanateutzi – **S. 91** Shutterstock, Monkey Business Images – **S. 92** oben links: Fotolia, Heino Pattschull; links Mitte: Fotolia, rvlsoft; unten links: Fotolia, Marius Graf; oben rechts: Fotolia, karandaev; unten rechts: Fotolia, Julián Rovagnati; unten: Shutterstock, Adobe Systems – **S. 94** oben: Fotolia, Robert Kneschke; Mitte: Fotolia, contrastwerkstatt – **S. 95** Fotolia, Peter Atkins – **S. 96** Fotolia, RLG; im Display: Fotolia, Maridav – **S. 97** Shutterstock, auremar – **S. 98** a: Fotolia, vschlichting; b: Fotolia, Alexander Raths; c: Fotolia, rdnzl; d: Fotolia, Heike Jestram; e: mauritius images/ib/Jochen Tack; f: Fotolia, rdnzl – **S. 99** a: Fotolia, Seen; b: Fotolia, playstuff; c: Fotolia, khuntapo; d: Fotolia, Jürgen Fälchle – **S. 100** a: Fotolia, Cumbabali; b: Fotolia, Peter38; c: Fotolia, bluedesign; d: Fotolia, ArTo; e: Fotolia, stockWERK; f: Fotolia, Gina Sanders – **S. 101** links: Fotolia, FM2; rechts: Shutterstock, qvls

CD-Inhalt

Auf dieser CD finden Sie alle Hörtexte zum Intensivtraining.